DARKLOVE.

The Mystical Year

Publicado mediante acordo com Quadrille,
selo da Hardie Grant Publishing

Diretor Editorial
Christiano Menezes

Diretor Comercial
Chico de Assis

Gerente Comercial
Giselle Leitão

Gerente de Marketing Digital
Mike Ribera

Gerentes Editoriais
Bruno Dorigatti
Marcia Heloisa

Editoras
Nilsen Silva
Raquel Moritz

Editora Assistente
Talita Grass

Capa e Projeto Gráfico
Retina 78

Coord. de Arte
Arthur Moraes

Coord. de Diagramação
Sergio Chaves

Designer Assistente
Camila Suzuki

Finalização
Sandro Tagliamento

Revisão
Juliana Ponzilacqua
Retina Conteúdo

Impressão e Acabamento
Coan Gráfica

DADOS INTERNACIONAIS DE CATALOGAÇÃO NA PUBLICAÇÃO (CIP)
Jéssica de Oliveira Molinari - CRB-8/9852

Davies, Alison
Ano mágico / Alison Davies ; tradução de Verena Cavalcante; ilustrações de Anastasia Stefurak. — Rio de Janeiro : DarkSide Books, 2022.
144 p. : il., color.

ISBN: 978-65-5598-167-4
Título original: The Mystical Year: Folklore, Magic and Nature

1. Paganismo 2. Natureza I. Título II. Cavalcante, Verena III. Stefurak, Anastasia

22-1148 CDD 299.94

Índices para catálogo sistemático:
1. Paganismo

[2022]

DarkSide® *Entretenimento LTDA.*
Rua General Roca, 935/504 — Tijuca
20521-071 — Rio de Janeiro — RJ — Brasil
www.darksidebooks.com

ALISON DAVIES

ANO MÁGICO

FOLCLORE, ENCANTO E NATUREZA

ILUSTRADO POR ANASTASIA STEFURAK

TRADUÇÃO
VERENA CAVALCANTE

DARKSIDE

Rosmarinus officinalis

ANO MÁGICO

SUMÁRIO

SEJA BEM-VINDA

Seja bem-vinda* ao *Ano Mágico*, uma reunião eclética de eventos e celebrações com raízes agarradas ao terreno do folclore. Você encontrará aqui uma coleção de tudo que há de mágico, como a mudança dos meses, a transição das estações e a natureza cíclica do planeta. Uma obra composta pelo conhecimento precioso adquirido através da sabedoria antiga de múltiplas culturas e tradições, como as dos povos originários dos Estados Unidos, dos mitos gregos, dos contos pagãos e dos costumes românicos. Abrangendo assuntos que vão desde ervas e flores até cristais e oráculos, este guia é um ponto de partida para quem possui uma inclinação mágica; um caminho para honrar a terra e entrar, todos os meses, em contato com seus poderes inatos.

Conecte-se com a Mãe Natureza. Dance no ritmo dela e permita que ela seja sua guia ao longo do ano. Conheça um pouco sobre a origem das celebrações wiccanas através de nossas páginas mensais em destaque. Celebre cada solstício. Una-se às energias dos equinócios e inspire-se com as fases da lua. Aprenda o que cada mês e cada estação têm a oferecer, siga as dicas mágicas, faça os exercícios sugeridos (ou crie seus próprios ritos!), aproveite ao máximo seu potencial e transforme este ano no ano mais mágico da sua vida!

* Por uma questão de padronização textual, o texto deste livro se encontra no gênero feminino, mas a prática, é claro, não exclui praticantes de outros gêneros. (Nota das editoras.)

JANEIRO

"Primeiro de janeiro está aqui,
Com olhos intensamente brilhantes
Um guerreiro coberto por uma armadura de gelo
Montado em um misterioso corcel de neve."*

Edgar Fawcett
"The Masque of Months"

* É importante lembrar que este livro, tendo sido escrito por uma autora britânica, segue as energias da Roda Norte. Optamos por manter o texto na ordem original, pois acreditamos que, quando se trata de magia, tudo pode ser adaptado e o que importa é a conexão que firmamos com o mundo ao nosso redor. Contudo, se você sentir no seu coração que deve seguir os ritos de acordo com as energias da Roda Sul, colocamos, nas seções "Festival em Destaque", as datas de celebração dos oito festivais, ou sabás, no hemisfério sul. Assim, você pode se orientar a partir das energias que mais se adequam ao seu momento e montar seu próprio ano mágico. (Nota das editoras.)

DENOMINAÇÃO DESTA LUA CHEIA

LUA DO LOBO

Às vésperas de um novo ano, os lobos acompanham as brumas frias que se reúnem sob o luar. Seus uivos suaves carregam o vento. Para os povos antigos, esse som perturbador anunciava novos começos e, por isso, é o nome desta lua cheia. A magia atinge seu ápice durante essa fase da lua e, quando ligada à figura do lobo, carrega o poder da autoexpressão. Essas feras sabem quando devem erguer suas vozes para que possam comunicar os próprios sentimentos. Os lobos são animais comunais, sendo assim, assumem diferentes papéis na alcateia e aprendem, desde cedo, como trabalhar em conjunto.

Durante a Lua do Lobo, reflita sobre seu papel dentro da sociedade, os dons com os quais você foi abençoada e como pode transmiti-los para o mundo.

FEITIÇO DA LUA DO LOBO PARA AUMENTAR A AUTOCONFIANÇA

Exalte suas qualidades e orgulhe-se de ser quem você é.

- Iluminada sob a Lua do Lobo, escreva uma lista com seus talentos e pontos fortes. Se tiver dificuldades sobre o que anotar, chame alguns amigos ao seu auxílio.
- Assim que tiver dez itens na lista, respire fundo e leia-os em voz alta. Isso pode parecer estranho na primeira vez, mas não desista: muito em breve você já estará habituada a reconhecer o seu próprio brilhantismo!
- Faça disso um hábito e, ao longo do mês, tente adicionar mais qualidades à lista.

DEIDADE DO MÊS

JANUS

Janeiro tem esse nome devido ao deus romano Janus. Essa divindade enigmática é conhecida por ter duas faces; uma sempre olhando para trás, para o passado, e outra sempre olhando para o futuro. Conhecido como o deus dos portais e transições, Janus costuma ser associado à passagem do tempo, ao fim das coisas e aos novos começos.

FEITIÇO DE JANUS PARA A PROSPERIDADE

Realize este simples feitiço ao longo do ano.

Atravesse uma porta segurando uma moeda dourada ou prateada.

Ao passar pela porta, diga: "Do passado ao futuro, desta porta à próxima. De mãos dadas com a prosperidade, estou coberta de bençãos".

CRISTAL DO MÊS

GRANADA

Popularmente usada como um talismã, a granada também foi muito utilizada na Europa medieval como pedra de proteção. Esse cristal era considerado sagrado pelos povos originários dos Estados Unidos e pelos astecas, pois eles acreditavam que ela aumentava a criatividade, elevava o espírito e equilibrava as emoções. Tida como pedra da sorte e utilizada para obter sucesso, você pode levar a granada no bolso ou usá-la como adorno. É um cristal tradicionalmente associado aos nascidos no mês de janeiro.

ERVA DO MÊS

SÁLVIA

Conhecida como *Salvia officinalis* (no sentido de salvar ou curar), essa erva tem diversas propriedades mágicas e é usada principalmente como instrumento de cura e proteção. Os antigos egípcios, por exemplo, ferviam a sálvia em poções para promover a fertilidade, e os romanos a utilizavam para preservar a carne. Além disso, eles ofereciam a erva aos deuses, na esperança de que fossem abençoados com uma colheita generosa. Conhecida por melhorar a memória e sintonizar o cérebro, a sálvia também era defumada para purificar locais sagrados e, durante funerais, era utilizada para ajudar os enlutados a lidarem com o sofrimento da morte.

FEITIÇO DA SÁLVIA PARA REALIZAR DESEJOS

A sálvia tem o poder de realizar desejos, o que a transforma na erva perfeita para seu feitiço de Ano-Novo.

Você precisará de três folhas grandes de sálvia e de uma caneta hidrográfica.

- Em uma noite de lua crescente gibosa, que marca a transição entre a lua crescente e a lua cheia, sente-se com as três folhas de sálvia na mão e pense em tudo que deseja alcançar no ano que está por vir. Faça três pedidos significativos.
- Para cada um dos três desejos, escolha uma palavra que o represente. Use a caneta para escrevê-las nas folhas de sálvia.
- Coloque-as sob seu travesseiro antes da hora de dormir e deixe-as ali durante três dias.
- Todas as noites, leia as palavras antes de dormir. Anote os sonhos que tiver, pois eles podem conter sinais que te ajudarão a realizar esses desejos.
- No quarto dia, leve as folhas ao ar livre e queime-as sobre o solo.

FEITIÇO DA SÁLVIA PARA PURIFICAÇÃO

A sálvia é uma erva excelente para a limpeza da mente, do corpo e da alma, e também pode ser usada para purificar ambientes. Você pode, por exemplo, comprar um bastão de sálvia, que, depois de aceso, arde a fogo lento e exala uma fumaça perfumada. Deixe que esse aroma envolva seu corpo, ou carregue a erva pelos cômodos da casa, livrando toda a área de energias negativas. Essa técnica é conhecida como *defumação*.

Você também pode acomodar folhas frescas de sálvia em uma tigela de água fervente, expor seu corpo ao vapor e depois deixar a tigela descansando em algum cômodo que deseje purificar.

COSTUMES E TRADIÇÕES

Na Idade Média, as jovens usavam os poderes da lua nova para descobrir quando conheceriam seus futuros maridos. Elas olhavam para a Lua através de um lenço sujo e contavam quantos reflexos do astro conseguiam ver pelo tecido. Esse número representava o número de anos que levaria para que encontrassem o amor verdadeiro.

FEITIÇO DE AMOR DA LUA NOVA

Hoje nós fazemos nossa própria sorte na vida e no amor, mas se você estiver morrendo de vontade de tentar um ritual da lua nova, acenda uma vela branca, faça um pedido, imagine-o se realizando e, por fim, deixe que a chama da vela se apague sozinha.

SUPERSTIÇÕES

No primeiro dia de janeiro, em alguns lugares da América do Sul, come-se feijão para atrair prosperidade e segurança financeira. As lentilhas também são muito populares, pois são símbolo de dinheiro.

FEITIÇO DE DINHEIRO PARA O ANO-NOVO

Faça uma panela de sopa de lentilha. Cozinhe o ensopado em fogo brando, mexa-o lentamente e visualize suas finanças transbordando!

PÁSSARO DO MÊS

CORUJA

A sábia coruja sempre se move furtiva e graciosamente, utilizando todos os seus sentidos para navegar pelo céu noturno. Ela é uma caçadora poderosa e um símbolo do além. Na Idade Média, foi associada a presságios ruins e à morte, mas não do tipo físico, pois a coruja representa a transição e a passagem de um estado para o outro — como a passagem da consciência e dos momentos de vigília para o adormecer e o inconsciente que permeia o mundo dos sonhos. Esse pássaro magnífico consegue enxergar no escuro e está conectado a tudo que é intuitivo e misterioso.

FEITIÇO DA CORUJA PARA O SEXTO SENTIDO

Se quiser desenvolver seu sexto sentido, deixe que a coruja guie seu caminho. Pegue uma foto desse pássaro, fixe o olhar em seus olhos e peça para ter uma visão. Seja paciente e procure por sinais no dia a dia.

CARTA DE TARÔ DO MÊS

A ESTRELA

Símbolo de esperança, fé e renovação, a bela Estrela ilumina os lugares onde a escuridão uma vez esteve. Seu brilho cordial sugere o início de um período de paz e harmonia. Sempre que a carta da Estrela surge em uma leitura de tarô, é um sinal do universo para dizer que você, ou a pessoa para quem está fazendo a tiragem, é abençoada. Trata-se de alguém com o potencial para chegar longe, capaz de realizar qualquer objetivo. Não há limites. A hora de alcançar as estrelas e clamar por seu prêmio é agora.

A RODA DO ANO

A Roda do Ano, base do calendário da Wicca, demarca os oito festivais, mais conhecidos como sabás, celebrados ao longo do ano. Quatro desses eventos são festivais solares: dois solstícios e dois equinócios. Os solstícios marcam o meio do verão, ou Litha (que é quando o sol está mais alto no céu, por isso os dias se alongam), e o meio do inverno, ou Yule (que é quando os dias se tornam mais curtos). Entre esses dois pontos, há Ostara e Mabon, o equinócio de primavera e o equinócio de verão, que acontecem quando o sol cruza a linha do Equador e os dias passam a ter a mesma duração. Os outros quatro festivais são os sabás principais, celebrações da terra: Imbolc, Beltane, Lammas e Samhain. Cada um desses festivais tem seus próprios rituais mágicos. Os clãs dão festas e fazem encontros, e até mesmo as bruxas que preferem trabalhar sozinhas realizam rituais específicos para honrar a ocasião. A Roda do Ano é simbólica, pois representa a continuidade dos ciclos da vida e das estações do ano. Todos os festivais são representados por um raio da roda giratória.

A ESTRELA

FEVEREIRO

"Foi o sorriso do alvorecer da primavera
Que fez meu peito fulgurar?
Era doce, mas nem o sol e nem o vento
Conseguiriam animar tanto meu espírito.

Seria este um sentimento aprazível,
Tão vago e indefinido?
Não, era um arrebatamento profundo e forte,
Expandindo na minha mente!"

Anne Brontë
"In Memory of a Happy Day in February"

DENOMINAÇÃO DESTA LUA CHEIA

LUA DE NEVE

Conforme o inverno domina a Terra, ele traz a promissora Lua de Neve. Ela recebe este nome pois fevereiro é o mês no qual a neve costuma cair, mas também pode ser chamada de Lua de Osso ou Lua de Gelo. Para os povos originários dos Estados Unidos, ela era conhecida como Lua de Fome, pois eles sofriam com a escassez de comida neste período.

Para muitos povos antigos, fevereiro era um mês de privações. A luta para a sobrevivência atingia seu ápice, mas, enquanto conviviam com o frio glacial, eles também sabiam que tempos melhores os aguardavam no futuro. Nesta Lua de Neve, reflita sobre os obstáculos que surgiram na sua vida. Saiba que, independentemente do que aconteça, você seguirá adiante. A Roda do Ano continua girando e, assim como as estações do ano mudam, as circunstâncias que paralisam sua vida também.

FEITIÇO DA LUA DE NEVE PARA SE REORGANIZAR

A Lua de Neve nos lembra que a vida sempre segue adiante e que é hora de jogar fora a capa congelada do inverno. Siga o exemplo e se despeça de tudo aquilo que te segura e te mantém estagnada.

Limpe a bagunça! Olhe ao seu redor e reflita sobre o que é importante para você, o que você ainda pode usar e o que você deseja descartar. Reorganize seu guarda-roupa e doe roupas que não usa há mais de um ano. Repense os hábitos e as ações diárias que não te servem mais. Por fim, faça uma lista de comportamentos que você gostaria de mudar, elimine pensamentos desanimadores e acabe com eles, um de cada vez.

FESTIVAL EM DESTAQUE

IMBOLC: 1º OU 2 DE FEVEREIRO NA RODA NORTE, OU 1º DE AGOSTO, SE VOCÊ SEGUE A RODA SUL

Nesta época, a Mãe Terra está gestando muitas possibilidades. Tomando o último fôlego antes da primavera, ela está pronta para a ação. Essa pausa é seu alívio final antes de tudo recomeçar. O festival celta de Imbolc (que significa dentro da barriga) cai no começo do mês e é conhecido como o acelerador do ano, pois está relacionado à forma como a natureza se apressa para receber a primavera. A vida se revolve no solo e o período de parição das ovelhas se alastra pelas regiões. A terra ainda está despertando quando a deusa celta Brígida[1] surge. Associada à cura, à poesia e à ourivesaria, ela é uma divindade do fogo que pode te ajudar a plantar sementes para o futuro.

FEITIÇO DE IMBOLC PARA ACUMULAR ENERGIA

Para celebrar a chegada da primavera. que tal fazer uma boneca que a represente?

Separe de tecidos, ervas e flores secas, lã, agulha e linhas.

- Desenhe a silhueta de uma boneca no tecido.
- Usando a silhueta desenhada no tecido, recorte duas bonecas.
- Costure juntas as duas silhuetas, deixando espaço para rechear o interior com as ervas, as flores e a lã.
- Escreva um desejo para o ano vindouro, escreva-o em um pedaço de papel e coloque-o dentro da boneca antes de terminar a costura.
- Deixe a boneca sobre a cornija da lareira (ou próxima de quaisquer outras fontes de calor), como lembrete do poder vital de Brígida.

CRISTAL DO MÊS

AMETISTA

Venerada pelos romanos e pelos gregos por ser uma pedra capaz de prevenir a embriaguez, a ametista era muito usada sobre o umbigo ou para adornar cálices. Associado também à espiritualidade, esse cristal é conhecido por aquietar a mente, potencializar poderes psíquicos e proteger quem o carrega. Soldados costumavam levar pequenos cristais de ametista para se manterem a salvo durante as batalhas. Sua estupenda matiz arroxeada é um sinal do deus romano Baco, que, diz a lenda, manchou o cristal originalmente branco com as uvas de seu vinho a fim de criar essa pedra atraente.

FEITIÇO DA AMETISTA PARA MAIOR ENTENDIMENTO PSÍQUICO

Meditar segurando uma ametista pode ajudar a liberar seus poderes psíquicos.

- Segure uma ametista sobre o chacra do seu terceiro olho, o centro intuitivo de energia concentrada no meio de sua testa.
- Feche os olhos e imagine uma flor lilás se abrindo nesse espaço.
- Respire fundo, relaxe e permita que mensagens psíquicas invadam sua mente.

FLOR DO MÊS

CAMPÂNULA-BRANCA

Também chamadas de flor de sino ou campainha, as campânulas-brancas são minúsculas joias de esperança. Elas simbolizam a pureza e a virtude e têm poderes de cura. Carregam uma energia edificante e podem ajudar aqueles que desejam deixar o passado para trás e encontrar felicidade no futuro.

FEITIÇO DA CAMPÂNULA-BRANCA PARA DESENVOLVER A CRIATIVIDADE

Saia à procura de campânulas. Quando encontrá-las, seja ao ar livre ou em uma floricultura, permita que a beleza delas te inspire e comece a escrever. Faça rabiscos ou rascunhos do que está vendo, tente criar um poema ou um conto. Até mesmo poucas palavras significativas podem trazer um efeito inspirador e produzir uma centelha de poder criativo.

ANIMAL DO MÊS

LONTRA

Capaz de viver tanto na terra quanto na água, esse animal mágico segue a filosofia de viver ao sabor da maré. Retratada como uma criatura aventureira em diversas culturas, a doce e divertida lontra aparecerá na vida ou nos sonhos sempre que você precisar relaxar e fazer algo que ama. A afinidade da lontra com a água também pode estar ligada a uma conexão profunda com o sagrado feminino, uma força vital e curativa na natureza.

FEITIÇO DA LONTRA PARA SUPERAR OBSTÁCULOS

Neste mês, entre em contato com a energia da lontra e vá caminhar às margens de um riacho ou rio. Ao olhar para a água, note como ela rodopia e flui. Até mesmo quando há uma rocha no caminho, a água segue adiante, movendo-se ao redor do obstáculo e criando um belo padrão de redemoinhos, exatamente como a lontra brincalhona, que deixa que as ondulações da água a carreguem para novas aventuras. Reflita sobre como é possível, na sua vida, fluir ao redor dos obstáculos.

CRISTAIS

Cristais são minerais formados no subsolo que possuem propriedades energéticas específicas. Eles também têm o poder de ampliar energias e podem ser usados como instrumentos de cura e em rituais mágicos. Existem em múltiplos tamanhos, formas e matizes e podem ser utilizados como joias e amuletos. Caso decida usar uma pedra por suas propriedades de cura, é importante escolher um cristal que te atraia. Preste atenção em como você se sente quando o segura; se sentir um pequeno formigamento nos dedos, isso significa que há uma conexão entre você e a energia do cristal. As pedras também podem ser programadas para um uso específico se você soprar suas intenções e desejos sobre a superfície delas.

Cuide bem dos seus cristais e lave-os regularmente em água corrente, de preferência à luz da lua, a fim de preservar e potencializar suas energias.

CARTA DE TARÔ DO MÊS

A LUA

Esse orbe luminescente tem fascinado a humanidade há séculos. Comandando o céu noturno, ele lança um brilho suave sobre o reino terrestre, conferindo a ele uma beleza etérea. Como símbolo, a lua é frequentemente associada à magia, ao mistério e à intuição, o que não é nada surpreendente quando levamos em consideração que *tudo* se torna diferente quando banhado sob a luz do luar. No tarô, esta carta exige de nós que olhemos por trás do véu e confiemos nos nossos instintos, em vez de enxergarmos as coisas de forma racional. Quando essa carta surge no oráculo, a mensagem é simples: seja criativa, alimente sua imaginação e trabalhe em conjunto com as fases da lua para alcançar seus sonhos.

A LUA

PRIMAVERA

Dentro da barriga da terra, uma coisa empolgante começa a nascer. A promessa de uma nova vida, a beleza do florescer e a chegada do sol. A primavera brota e traz a energia da renovação. Esperança e otimismo são as palavras-chave desta estação e, com elas, também germina em você a confiança de ser quem é e de saber o que deseja alcançar.

Aqui estão alguns destaques que marcam o início da estação.

MARÇO

LUA: Lua das Minhocas

Ritos de cura, feitiços para o futuro, para a fertilidade, para sorte e para ser mais confiante.

FOLCLORE: Equinócio de primavera, Ostara

CRISTAL: Água-marinha

ERVA: Tomilho

PÁSSARO: Pardal

CARTA DE TARÔ: O Imperador

ABRIL

LUA: Lua Rosa

Ritos de encantamento, feitiços para atrair as maravilhas da natureza, do amor, da vitalidade, da positividade e da família.

DEIDADE: Afrodite

CRISTAL: Heliotrópio

ERVA: Hortelã

ANIMAL: Coelho

CARTA DE TARÔ: O Hierofante

MAIO

LUA: Lua das Flores

Feitiços para iluminar, para dar boas-vindas à Mãe Terra, para trazer bençãos do mundo das fadas, sorte e poder pessoal.

DEIDADE: Flora

ÁRVORE: Espinheiro-branco

CRISTAL: Jade

FOLCLORE: Beltane

PÁSSARO: Rouxinol

CARTA DE TARÔ: Os Enamorados

MARÇO

"O vento de março ruge
Como um leão no céu.
E nos dá calafrios
Com a sua passagem.
Quando os ventos são suaves
E os dias são claros e quentes,
Exatamente como uma ovelha gentil,
É assim que sabemos ter chegado a estação primaveril."

Autor desconhecido
"The March Wind Roars"

DENOMINAÇÃO DESTA LUA CHEIA

LUA DAS MINHOCAS

Os povos originários dos Estados Unidos nomearam esta lua tendo como inspiração os rastros ondulantes que as minhocas deixavam sobre a neve conforme iam saindo de suas tocas com a chegada da primavera. Ela também é conhecida como Lua Casta, Lua da Morte, Lua de Crosta e Lua de Seiva, em referência à extração do xarope de bordo.

O nascer da Lua das Minhocas traz uma nova atividade. A neve está começando a derreter e esse aquecimento gradual da terra encoraja as minhocas a cavarem e a traçarem caminhos. Um novo ciclo começou e qualquer coisa pode acontecer! Este é um tempo de planejamento, por isso, tenha a Mãe Natureza como guia e prepare-se para novas aventuras. Deixe que as ideias transbordem, selecione algumas delas e prepare um plano de ataque!

FEITIÇO DA LUA DAS MINHOCAS PARA O FUTURO

Siga o exemplo da minhoca e crie seu próprio rastro.

- Providencie uma folha de papel e um lápis e pense sobre todas as coisas que você gostaria de conquistar. Mesmo que não tenha um plano estabelecido, pense em como gostaria de se sentir nos meses vindouros. (Por exemplo: feliz, satisfeita, bem-sucedida, energizada.)
- Coloque a ponta do lápis no centro da folha e comece a desenhar um círculo. Depois, deixe sua mente vagar e permita que sua mão se mova livremente. Em outras palavras: desenhe!
- Aproveite o processo e, depois de criar o padrão, comece a colori-lo. Esta é sua mandala pessoal, um símbolo da sua alma, no qual você pode se concentrar quando precisar de inspiração.

FESTIVAL EM DESTAQUE

EQUINÓCIO DE PRIMAVERA: POR VOLTA DE 21 DE MARÇO NA RODA NORTE, OU POR VOLTA DE 21 DE SETEMBRO, SE VOCÊ SEGUE A RODA SUL

O festival de Ostara é um evento celestial que marca o equinócio de primavera, um tempo em que as energias da luz e das trevas entram em equilíbrio. É um momento no qual o sol fica aguardando para explodir em ondas de energia renovada. A primavera começa a florescer e os dias vão ficando mais longos. Esperança, fé e renovação são as palavras-chave para todos aqueles que possuem inclinações místicas, havendo, ainda, uma sensação de abundância conforme a natureza revive. Segundo a tradição, os povos antigos costumavam celebrar a fertilidade da terra neste período, agradecendo a chegada da primavera.

FEITIÇO DE OSTARA PARA AUMENTAR A FERTILIDADE

Ovos são geralmente associados a Ostara. Por serem símbolos de fertilidade e completude, eles trazem energias femininas e masculinas combinadas e representam equilíbrio entre luz e trevas.

- Cozinhe alguns ovos e deixe que esfriem.
- Entre em contato com sua criatividade e decore-os com flores primaveris enquanto emana intenções de felicidade e prosperidade.
- Use-os como decoração de mesa para sempre se lembrar do poder deste equinócio.

CRISTAL DO MÊS

ÁGUA-MARINHA

Ao notar os delicados tons azuis da água-marinha, é fácil entender por que os gregos antigos acreditavam que o espírito do mar habitava o coração dessa pedra. Seu nome vem do latim e pode ser associado a marinheiros e mercadores marítimos, que usavam esse cristal para garantir uma viagem segura. Os antigos egípcios usavam a água-marinha cravejada em amuletos e, durante a Idade Média, era um talismã de amor e fidelidade para recém-casados. Acreditava-se também ser responsável por atrair felicidade e juventude eterna, além de acalmar os nervos e trazer clareza mental.

FEITIÇO DA ÁGUA-MARINHA PARA ENERGIA DE CURA

Segure a pedra em ambas as mãos. Feche os olhos e se imagine flutuando no oceano. Sinta-se leve como uma pluma e amparada pelas ondas. Imagine-se inalando uma gentil energia azul enquanto respira.

ERVA DO MÊS

TOMILHO

Conhecida como a erva da coragem, o tomilho tem sido usado ao longo dos séculos para atrair força quando as coisas ficam difíceis. Seu nome vem do grego *thymus*, que quer dizer coragem. É por isso que aqueles que precisavam de bravura costumavam bebê-lo em forma de chá ou infusão. Muitos acreditam que as fadas são atraídas por essa erva, de modo que canteiros de tomilho são plantados para chamar esses elementais. Os romanos, por sua vez, conheciam as propriedades medicinais dessa planta e a usavam como antisséptico e digestivo.

FEITIÇO DO TOMILHO PARA ADQUIRIR AUTOCONFIANÇA

Prepare esta infusão restauradora para acalmar os nervos e estimular sua autoconfiança.

Você vai precisar de um punhado de tomilho fresco, um quarto de um limão, uma colher de sopa de mel, água fervente, uma pequena tigela, uma peneira e uma jarra.

- Coloque o tomilho e o limão na tigela.
- Despeje a água fervente até que ela cubra o tomilho e o limão e deixe que a mistura descanse por, pelo menos, dez minutos.
- Despeje o líquido dentro de uma jarra através de uma peneira e descarte a borra.
- Coloque a colher de sopa de mel e mexa a infusão com ela, repetindo sempre essa afirmação: "Meu destino é a coragem".
- Sirva a bebida em um copo, beba um gole e permita a atuação desse chá mágico!

PROVÉRBIOS E SUPERSTIÇÕES

O mês de março é cheio de superstições e provérbios sobre o clima, sobretudo por causa da mudança de estação e por sua reputação de ser um dos meses mais úmidos do ano. Eis aqui alguns dos ditados mais antigos e populares:

- "Os ventos de março e as chuvas de abril trazem as flores de maio."
- "Quando março chega como um leão, ele se vai como um cordeiro."
- "Um março seco e um maio molhado enchem celeiros e baias com milho e feno."

PÁSSARO DO MÊS

PARDAL

O pardal é um pássaro pequeno com uma grande personalidade. Sempre viajando em revoada, os pardais sabem o poder da intimidade e, além de serem animais superamigáveis, também são muito espertos e corajosos. Os antigos egípcios acreditavam que os pardais transportavam as almas dos mortos para a próxima vida, e os gregos os associavam à deusa do amor, Afrodite. Na Europa, se um deles entra na sua casa, é considerado um sinal de mau presságio, e, na Indonésia, é justamente o oposto. Lá, esses minúsculos pássaros são símbolos de boa sorte.

FEITIÇO DO PARDAL PARA TER BOA SORTE

Alimentar pássaros sempre atrai boa sorte, portanto, jogue um pouco de alpiste no seu jardim ou no parque mais próximo da sua casa. Enquanto faz essa oferenda, peça aos pardais para que a abençoem.

O IMPERADOR

CARTA DE TARÔ DO MÊS

O IMPERADOR

Conhecida como a figura mais patriarcal do tarô, o Imperador representa poder e autoridade. Símbolo de força, ele conquista o impossível. Aqueles que tiram esta carta estão sempre em busca de seu imperador interior, gostam de se posicionar sobre coisas nas quais acreditam e sempre expressam seus sentimentos. O Imperador protege tudo aquilo que julga importante e se esforça o máximo possível para realizar seus objetivos.

FASES DA LUA

A lua passa por fases todos os meses, e cada fase depende da sua posição quando está orbitando a Terra, ou da posição da Terra quando está orbitando o sol. Todas as fases são repletas de potencial mágico.

- A lua nova é para recomeços.
- Na lua crescente é importante investir em feitiços de abundância.
- A lua cheia é superpoderosa. Use-a para fazer pedidos e praticar suas habilidades psíquicas.
- A lua minguante é associada com a libertação do passado.
- A lua negra, a segunda lua nova do mês, que quase desaparece do nosso campo de visão, é a melhor para descanso, recolhimento e reavaliação da vida.
- A lua azul acontece uma vez a cada dezoito meses, em média, e costuma ser a segunda lua cheia a ocorrer no mesmo mês.

ABRIL

"Quando o doce e orgulhoso abril,
muito bem-arrumado,
Em tudo colocou um espírito de juventude."

William Shakespeare
"Soneto 98"

DENOMINAÇÃO DESTA LUA CHEIA

LUA ROSA

Em abril, as cores suavemente se infiltram na paisagem. Em dias mais vibrantes, flores de cerejeira desabrocham, e logo surge a Lua Rosa, cujo nome é inspirada na *phlox selvagem*, uma flor rosada que se espalha como um cobertor sobre os prados e campinas da América do Norte. Essa lua, contudo, embora não seja cor-de-rosa, anuncia o retorno colorido das flores primaveris. Os povos originários dos Estados Unidos também a chamavam de Lua da Grama Crescente, Lua do Ovo e Lua da Lebre.

Simbolicamente, essa lua trabalha com a renovação e com a habilidade de enxergar beleza nos seus arredores. As flores podem desaparecer durante o inverno, mas elas sempre retornam. Observe as pequenas coisas que trazem luz e alegria ao seu mundo. A magia está em todo lugar, basta abrir os olhos para vê-la!

FEITIÇO DA LUA ROSA PARA APRECIAR AS MARAVILHAS DA NATUREZA

Compre um ramalhete de suas flores cor-de-rosa preferidas e arranje-as em um vaso sobre o parapeito da janela. Durante a Lua Rosa, sente-se e medite junto às flores. Deixe que seu olhar se suavize conforme você observa as pétalas delicadas. Imagine-se sentada em um prado coberto de flores silvestres. Cheire sua doce fragrância e sinta-se em paz. Respire, relaxe e perceba as maravilhas da natureza ao seu redor.

DEIDADE DO MÊS

AFRODITE

Essa estonteante deusa grega, equivalente a Vênus na cultura romana, era conhecida por sua beleza. Ela é associada ao amor, ao romance e à busca dos prazeres e, reza a lenda, nasceu da espuma do mar. Afrodite é a guardiã da maçã de ouro, um tesouro que ela ganhou de presente, junto do título de a mais bela, do príncipe Páris, um mortal, em troca de que prometesse a ele a mão de Helena de Troia em casamento. Os símbolos de Afrodite são a pomba, o espelho de mão e a maçã.

FEITIÇO DE AFRODITE PARA O AMOR

Prepare um amuleto mágico com este feitiço divertido inspirado em Afrodite.

- Arranje uma maçã vermelha, pois essa é a cor mais associada ao romance e à paixão. Com uma faca, desenhe suas iniciais na polpa.
- Caso já tenha conhecido alguém especial, escreva as iniciais da pessoa junto às suas. Se não, desenhe um coração ao redor das letras e diga: "Afrodite, escute meu pedido, traga meu amor verdadeiro para perto de mim. Deixe que minha paixão se revele até que o desejo do meu coração seja saciado".
- Coma a maçã enquanto se imagina feliz e apaixonada.

CRISTAL DO MÊS

HELIOTRÓPIO

O heliotrópio, também conhecido como pedra do sol, é uma variedade do mineral jaspe e foi um cristal muito reverenciado pelos povos antigos. Eles acreditavam que ele continha a essência do sol, por isso o associavam à vitalidade e à boa sorte. O heliotrópio é ligado ao mês de abril e ao signo de áries e, além disso, é uma pedra que podia curar ferimentos, prevenir doenças e proteger aqueles que estivessem em posse dela. Na Mesopotâmia, era usado para melhorar a circulação, podendo ser moído e misturado com mel e usado para cortar o efeito de um veneno.

FEITIÇO DO HELIOTRÓPIO PARA A VITALIDADE

Deite-se e coloque um cristal de heliotrópio sobre o seu umbigo. Coloque as mãos sobre a pedra e preste atenção no calor que ela emana para o seu abdômen. Respire profundamente, sinta a vitalidade e deixe que a energia da pedra se espalhe pelo corpo.

ERVA DO MÊS

HORTELÃ

Quando a deusa grega Perséfone descobriu que seu marido Plutão havia se apaixonado por uma ninfa chamada Minthe, também conhecida como Minta ou Menta, ela ficou tão enfurecida que transformou a moça em um arbusto. Plutão, arrasado, porém incapaz de reverter o feitiço, fez com que a moça exalasse um doce aroma mentolado, na tentativa de evitar que pisassem nela. Essa erva é associada ao amor e à magia de prosperidade. Além disso, a hortelã também purifica e limpa ambientes e, também, costuma ser defumada para dissipar energias negativas.

FEITIÇO DA HORTELÃ PARA CRIAR UMA ATMOSFERA POSITIVA

Se for receber visitas e quiser criar uma atmosfera positiva na sua casa, tente o seguinte:

- Pegue alguns moldes de cubos de gelo, separe um punhado de hortelã fresca e encha os cubinhos com as ervas.
- Encha de água e leve ao congelador.
- Depois de pronto, jogue os cubos nas bebidas para fornecer vibrações positivas e muito frescor!

FEITIÇO DA HORTELÃ PARA AUMENTAR SEU ENCANTAMENTO

A hortelã é um ingrediente muito agradável para cozinhar, pois, além de refrescante, tem o poder de adocicar, o que a torna a erva perfeita para impulsionar o seu encantamento.

Antes de um encontro ou de uma reunião importante, leve uma folha de hortelã fresca e a mastigue por pelo menos um minuto. Visualize-se como a anfitriã perfeita que faz todos sorrirem com as suas palavras doces. Para aumentar as chances de sucesso, sempre ande com folhas frescas no bolso.

ANIMAL DO MÊS

COELHO

Associado à primavera e à fertilidade, os coelhos são totens poderosos e podem nos ensinar muitas coisas. Símbolo de abundância e longevidade, principalmente na cultura asiática, esses animais podem ser cheios de energia e cuidam muito bem de suas famílias. Desde a rapidez com que procriam até suas intrincadas tocas labirínticas, a proteção e a perpetuação da linha familiar são prioridades. Eles são criaturas noturnas, que têm muita afinidade com a lua e que, geralmente, são associadas ao elemento terra.

FEITIÇO DO COELHO PARA A FAMÍLIA

Os coelhos percorrem longas distâncias para alimentar e cuidar de seus familiares, que são preciosos para eles. Siga o exemplo e faça algo especial para seus entes queridos. Saiam juntos para uma caminhada ou para beber drinques, cozinhe a refeição favorita deles. Esses pequenos gestos mostrarão o quanto eles são importantes para você.

COSTUMES E TRADIÇÕES

No Reino Unido, o mês de abril é sinônimo da chegada do cuco. O cuco canta do dia 14 de abril, também conhecido como dia de São Tibúrcio, até o dia de São João, em 24 de junho. A tradição diz que, se você ouvir o cuco no dia 14, deve tirar seu dinheiro de um dos bolsos e colocá-lo no outro, cuspir e não olhar para o chão. Se for sortudo o suficiente para estar pisando em um terreno macio, você atrairá boa sorte; caso contrário, se o terreno for muito duro, ou mesmo de concreto, acontecerá o oposto!

REDE WICCANA

A Rede Wiccana é um poema — embora existam múltiplas versões — que serve como um código de moralidade a respeito de como as bruxas, dentro da Wicca, devem se comportar. As regras não são inflexíveis, mas são códigos que aqueles envolvidos nas artes místicas levam a sério quando estão praticando magia. Em seu cerne, está o cântico:

"Sem ninguém machucar, faça o que desejar."

Ou seja, não faça nada que possa fazer mal a outra pessoa, incluindo você mesma. Pense antes de agir e sempre reflita sobre suas intenções. Se você for motivada pelo bem, então atrairá mais do mesmo, mas se estiver carregada de pensamentos negativos, essa é a energia que atrairá.

Para mostrar respeito pela Rede, muitas bruxas finalizam seus feitiços com as seguintes palavras:

"Lanço este feitiço sem deixar ninguém machucado,
mas, caso aconteça, que ele seja anulado."

CARTA DE TARÔ DO MÊS

O HIEROFANTE

Essa carta representa fortes tradições e crenças espirituais, podendo tanto se relacionar à pessoa que tira as cartas quanto à que faz a pergunta. O tema do Hierofante é a sabedoria antiga, um sinal de que você (ou a pessoa para quem você está fazendo a leitura) logo estará imersa no mais profundo sentido espiritual da vida. Isso pode ocorrer de forma simples, como através de meditação ou participando de uma oficina de cura holística. De qualquer maneira, a satisfação será encontrada por meio da contemplação silenciosa.

O HIEROFANTE

MAIO

"Dentre todas as estações, maio deve ser admitida
Como a mais doce, de belíssimas cores vestida."

James Thomson
"On May"

DENOMINAÇÃO DESTA LUA CHEIA

LUA DAS FLORES

A Lua das Flores recebe esse nome por causa das belíssimas flores primaveris que desabrocham em maio. Ela também é conhecida como Lua de Milho, como era tradicionalmente chamada na época de novas colheitas, e Lua de Leite, na língua dos anglo-saxões. Simbolicamente, a Lua das Flores sugere um período de renovação, quando podemos nos curar de todos os males, absorvermos e nos nutrirmos dos raios do sol, como as flores do campo.

Neste momento, encher sua casa de flores frescas é uma forma bastante fácil de se conectar com energias mágicas. De acordo com o folclore, flores amarelas trazem harmonia ao lar. Por isso, coloque um vaso delas perto de uma janela, onde a luz da Lua das Flores pode incidir, e peça por felicidade.

FEITIÇO DA LUA DAS FLORES PARA LUZ

Acenda uma vela branca, espalhe pétalas amarelas de flores em um círculo ao redor dela e use um alfinete para esculpir o desenho de uma lua na cera. Conforme a vela for queimando, peça à Lua das Flores para abençoá-la neste mês com muita luz e amor.

DEIDADE DO MÊS

FLORA

Flora é a deusa romana das flores, da fertilidade e da primavera. Ela é associada ao mês de maio e às celebrações desta época. Essa belíssima divindade trouxe luz à Terra e encorajou novos botões de flores a germinarem.

De acordo com o mito, Flora deu a Juno – deusa do matrimônio e das mulheres – uma flor mágica que permitia a ela a concepção sem a ajuda de um homem. Sempre ostentando uma guirlanda de flores nos cabelos, essa deusa traz esperança e a possibilidade de uma nova vida neste mês.

FEITIÇO DE FLORA PARA DAR BOAS-VINDAS À MÃE NATUREZA

Seja uma dama das flores e faça uma bela guirlanda para decorar sua casa.

Você vai precisar de uma seleção sazonal de flores coloridas e folhagens (esporinhas, peônias, lilases e rosas são excelentes para essa ocasião, principalmente se combinadas com samambaias), uma tesoura de poda, arame de jardinagem e fita adesiva.

- Agrupe ramos de folhagens de tamanhos parecidos. Junte a folhagem e a envolva com o arame de jardinagem.
- Dobre os ramos de folhagens de forma que as folhas se encontrem com os talos e prenda-os com o arame e a fita adesiva até chegarem no tamanho desejado.
- Faça pequenos ramalhetes de flores, prendendo-os também com o arame, mas deixando um espaço para que você possa encaixá-los na folhagem.
- Encaixe cada um dos ramalhetes em uma parte do aro, girando o arame na base dos talos para ligá-los à folhagem.
- Preencha os vãos com flores até que você esteja satisfeita com a aparência da guirlanda.
- Use-a como decoração de mesa e convide seus amigos e família para um banquete de maio.

ÁRVORE DO MÊS

ESPINHEIRO-BRANCO

Também chamado de árvore de maio e pilriteiro, o espinheiro-branco é recheado de folclore. Símbolo proeminente nas celebrações do mês de maio, seus galhos eram cortados da árvore e colocados no chão, na frente das casas, para servirem de adorno às guirlandas de flores. Os celtas valorizavam o espinheiro-branco, pois acreditavam que era encantado por fadas e um portal para adentrar o outro mundo. De acordo com Thomas, o Rimador, místico e poeta escocês, foi junto a um espinheiro-branco que ele encontrou a Rainha das Fadas pela primeira vez, e onde ela o levou para uma dança alegre em seu submundo. Esse flerte mágico custou muitíssimo a ele, pois quando retornou, poucos minutos depois, descobriu que muitos anos haviam se passado no mundo humano. Na Irlanda, acreditava-se que os espinheiros-brancos não podiam ser podados ou cortados sem despertar a ira do povo das fadas.

FEITIÇO DO ESPINHEIRO-BRANCO PARA OBTER A BENÇÃO DAS FADAS

Encontre um espinheiro-branco e fique em pé, parada, sob seus galhos. Encoste a mão no tronco e peça para que as fadas concedam bênçãos mágicas a você. Agradeça deixando a elas uma oferenda simples, como uma flor ou uma bela pedra.

CRISTAL DO MÊS

JADE

Muito estimada ao redor do mundo, a jade é uma pedra mágica que pode ser usada de múltiplas formas. Na China, ela é venerada por seus poderes de proteção, e no México, na América Central e na América do Sul, era cravejada em máscaras, utilizada em feitiços e oferecida a espíritos aquáticos em troca de água limpa e abundante. Povos antigos usavam a jade em ferramentas e armas, pois podia ser lapidada e polida com facilidade. Conhecida como pedra dos sonhos, a jade também pode te ajudar a adquirir sabedoria espiritual. Além disso, é uma escolha popular de talismã, pois atrai boa sorte, amizade e sucesso.

FEITIÇO DA JADE PARA BOA SORTE

Quando precisar de um pouco de sorte, esfregue uma pedra de jade na palma da mão direita e mentalize desejos de boa sorte.

FESTIVAL EM DESTAQUE

BELTANE: 1º DE MAIO NA RODA NORTE, OU 31 DE OUTUBRO, SE VOCÊ SEGUE A RODA SUL

Originalmente um festival do fogo, seu nome vem de um deus do sol celta conhecido como Belenus ou Deus Brilhante. Fogos sagrados eram acesos e desempenhavam um papel central nas festividades. Como acreditava-se que as chamas tinham poderes purificadores, era comum que jovens amantes as pulassem, de mãos dadas, para selar a união. Gados e outros animais eram purificados pela fumaça, que supostamente também deveria protegê-los de doenças. Também conhecido como Véspera de Maio ou Noite de Walpurgis, esse festival celebra a chegada do verão e o resplendor estimulante do sol. Nessa época, a luz já retornou à terra e ela está fértil e abundante de flores.

MÃE NATUREZA

O conceito de Mãe Natureza representa o aspecto da natureza como nutriz, personificada na forma de uma mulher que sustenta e protege os campos. Ela seria a força criadora por trás de cada ser vivo, o poder do feminino sagrado que fez o planeta. A ideia veio originalmente dos gregos. Eles nomearam a primeira deusa, Gaia, como uma divindade terrena responsável por ser a mãe de toda a criação, de dar à luz o universo. Conforme o passar do tempo, essa representação se tornou a Mãe Terra e, então, a Mãe Natureza, símbolo do ecossistema vivificado do planeta.

PÁSSARO DO MÊS

ROUXINOL

Símbolo do amor e do romance, o humilde rouxinol pode não ter uma aparência distinta, mas seu canto é inesquecível. Afinado e costumeiramente ouvido na calada da noite, esse pequeno pássaro é a musa do poeta. O cantar medicinal do rouxinol nos ajuda a olhar para além do véu das aparências e a enxergar a beleza interior. Todos os seres são únicos. Todos têm uma canção para entoar.

FEITIÇO DO ROUXINOL PARA AUMENTAR O PODER

Qual é a sua música-tema? Se pudesse escolher uma única melodia que te deixa de bem com a vida, que faz com que você se sinta a rainha do mundo, qual seria ela? Toque-a, cante-a, dance-a. E, ao fazer isso, mentalize aquilo que precisa ganhar mais poder na sua vida.

CARTA DE TARÔ DO MÊS

OS ENAMORADOS

Essa carta é uma celebração de tipos diferentes de amor que unem duas pessoas, desde amigos até familiares que sejam almas afins. É uma carta sobre comunicação e conexão, a união divina de duas pessoas que decidem se arriscar e se abrir. Em um nível mais profundo, é uma carta sobre escolhas que geralmente aparece quando alguém encontrou uma encruzilhada na vida. Contudo, o equilíbrio pode ser alcançado, e a decisão certa a ser tomada é sempre ser honesta consigo mesma e com os outros. Seja ousada e deixe seu coração guiá-la.

OS ENAMORADOS

VERÃO

Quando o sol banha a terra em luz gloriosa, chegamos ao verão. A paisagem se avoluma com uma abundância de cores. O calor e a beleza caminham juntos, fazendo com que a Mãe Natureza se regozije de orgulho. É hora de aproveitar os presentes dela, de se deleitar com suas maravilhas e também de se encontrar no centro de tudo. Emita positividade e acesse seu próprio poder neste período.

Aqui estão alguns destaques que marcam o início da estação.

JUNHO

LUA: Lua de Morango

Feitiços para realizar ambições, aumentar a prosperidade, desenvolver o lado psíquico e buscar o autoequilíbrio.

DEIDADE: Juno

FLOR: Lavanda

FOLCLORE: Solstício de verão

ANIMAL: Cervo

CRISTAL: Ágata

CARTA DE TARÔ: O Carro

JULHO

LUA: Lua dos Cervos

Ritos de cura, feitiços para se reconectar com a natureza, para aumentar o empoderamento, a autoconfiança e as realizações pessoais.

DEIDADE: Sunna

FLOR: Esporinha

CRISTAL: Cornalina

PÁSSARO: Águia

CARTA DE TARÔ: O Sol

AGOSTO

LUA: Lua de Esturjão

Feitiços para aumentar a abundância, atrair oportunidades, resolver problemas, levantar os ânimos e potencializar as energias positivas.

FOLCLORE: Lammas

ERVA: Coentro

CRISTAL: Crisólita

ANIMAL: Cavalo

CARTA DE TARÔ: A Força

JUNHO

"Era uma rica noite de junho. O ar estava carregado de
Bálsamo e fragrância, as folhas úmidas se remexiam
Sob os dedos suaves do vento do sul,
E refletindo a luz caprichosamente, como asas,
Assombravam a floresta com um resplendor de prata."

Nathaniel Parker Willis
"The Tri-Portait"

DENOMINAÇÃO DESTA LUA CHEIA

LUA DE MORANGO

Tendo recebido o nome da doce e suculenta fruta cuja colheita se dá neste mês, a Lua de Morango é recheada de oportunidades. Para os povos originários dos Estados Unidos, que a nomearam, era um chamado, pois o tempo de colheita do morango era bastante curto. Essa lua cheia promove uma reflexão sobre o nosso mundo e os vários desafios que enfrentamos. Em vez de olhá-los como obstáculos, a Lua de Morango nos impele a observar a doçura ao redor dos problemas. O que você pode aprender com a situação em que você está e como reivindicar o seu prêmio?

FEITIÇO DA LUA DE MORANGO PARA ALCANÇAR SEUS OBJETIVOS

Tente o seguinte quando estiver começando um novo projeto:

- Saia de casa e banhe-se com a luz da Lua de Morango. Imagine que esse orbe luminoso é o seu prêmio, aquilo que você mais deseja.
- Para alcançá-lo, você precisa se esticar o máximo possível. Mas, como faria com qualquer objetivo, pense que ele está dentro do seu alcance. Imagine um fio atravessando sua coluna vertebral e te puxando para cima. Levante os braços lentamente e se estique ainda mais, ficando na ponta dos pés.
- Imagine-se segurando a lua. Agora você pode fazer qualquer coisa. Diga (com atitude): "Eu chego à lua. Eu apanho uma estrela. Eu alcanço meus objetivos. Eu vou o mais longe possível".

DEIDADE DO MÊS

JUNO

Juno era uma divindade tão poderosa e popular entre os romanos que o mês de junho foi batizado em sua homenagem. Rainha das deusas, ela era associada ao casamento, à fertilidade e ao parto. (Será por isso que a maioria das pessoas se casa em junho?)* Sua benção sobre a união dos casais era de suma importância. Casada com Júpiter, seu irmão, ela governava o lar e a casa. Era convocada para resolver disputas matrimoniais e acompanhar trabalhos de parto, pois Juno representa a essência familiar, as relações centrais que influenciam nossas vidas e a harmonia do lar.

FEITIÇO DE JUNO PARA PROSPERIDADE FINANCEIRA

Deusa patrona da casa da moeda, Juno pode te ajudar a melhorar a vida financeira e trazer bênçãos abundantes ao seu lar.

Você vai precisar de uma vela branca, uma jarra e um punhado de moedas.

- Acenda uma vela branca e coloque-a perto da lareira (ou outra fonte de calor).
- Coloque uma jarra próxima da vela e jogue um punhado de moedas ali dentro.
- Todos os dias, adicione qualquer valor que tenha ganhado e agradeça a Juno conforme coloca as moedas no recipiente.
- Quando a jarra estiver cheia, use o dinheiro para comprar algo para você ou sua família. Recomece o processo.

* Costume bastante comum na Europa e na América do Norte. Na América do Sul, contudo, o mês das noivas é o mês de maio.

FLOR DO MÊS

LAVANDA

Proveniente da palavra romana *lavare* (que significa lavar, banhar), pequenos embrulhos dessa flor perfumada eram os sais de banho dos povos antigos. Extremamente popular por conta de sua fragrância, a lavanda era usada para aumentar a atração; inclusive, alguns eruditos acreditavam que esse era o perfume favorito de Cleópatra. Além disso, também era associada ao amor e à cura. Por exemplo, as jovens da casa Tudor faziam chá de lavanda para ter visões de seus futuros maridos, e as nascidas nos Alpes escondiam pequenos ramos de lavanda no travesseiro com a intenção de acender paixões. Considerada também uma planta curativa e medicinal, a lavanda é utilizada até hoje em medicamentos contra o estresse e para acalmar o corpo e a mente.

FEITIÇO DA LAVANDA PARA AUMENTAR SEU POTENCIAL PSÍQUICO

Use a magia da lavanda para liberar seu potencial psíquico.

- Queime três gotas de óleo essencial de lavanda ou acrescente-o em uma pequena xícara de água fervente e deixe que o gentil aroma do vapor te relaxe.
- Feche os olhos e massageie algumas gotas de óleo essencial de lavanda nas suas têmporas por um minuto. Faça o mesmo nos pulsos.
- Respire profundamente e se imagine sentada na frente de uma grande tela de cinema.
- Deixe que imagens, padrões e palavras tomem forma na tela. Não tente controlar o que vê, apenas relaxe.
- Quando estiver pronta, abra os olhos e anote tudo de que se lembra. De início, a escrita pode não fazer sentido, mas existe a possibilidade de resultar em pistas psíquicas e visões interiores que poderão te ajudar no futuro.

FESTIVAL EM DESTAQUE

SOLSTÍCIO DE VERÃO: POR VOLTA DE 21 DE JUNHO NA RODA NORTE, OU 21 DE DEZEMBRO, SE VOCÊ SEGUE A RODA SUL

Litha marca o dia mais longo e a noite mais curta do ano. O verão está no auge, o sol está no pico do seu poder. O solstício já chegou e traz uma atmosfera de alegria. Embora lide com a luz no seu máximo potencial, o solstício também flerta com a escuridão futura, pois a Roda do Ano está girando e as estações do ano mudam com ela. Aproveite ao máximo a abundância do verão e se prepare para a mudança energética que virá conforme nos movemos para o próximo ciclo.

ANIMAL DO MÊS

CERVO

O gracioso cervo é um animal sagrado em muitos povos antigos. Os celtas o associavam ao amor e à beleza e acreditavam ser um guia para o reino das fadas, e os povos originários dos Estados Unidos o viam como um ser espiritual que possuía o inquietante dom de encontrar as melhores ervas medicinais. Intuitivo e elegante, o cervo tem uma forma de cura muito gentil. A corça é astuta e possui um sexto sentido que se ativa sempre que os predadores estão por perto. Ela consegue pressentir o perigo e reage imediatamente, o que a torna o totem ideal para quem deseja afinar e aprimorar as habilidades psíquicas.

FEITIÇO DO CERVO PARA APRIMORAR AS HABILIDADES PSÍQUICAS

Esta técnica de visualização é perfeita para quem tem inclinações psíquicas.

- Imagine que você possui chifres que se projetam da sua testa e viajam para cima, formando uma rede de fios que se conectam com o resto do mundo e o universo.
- Enquanto inspira, sinta a luz pulsar através deles. Enquanto expira, imagine-os se esticando e captando mensagens psíquicas.

CRISTAL DO MÊS

ÁGATA

É conhecida por fortalecer e equilibrar as emoções. Usada como amuleto de proteção desde a antiga Babilônia, a ágata também era venerada pelos gregos e romanos, que conheciam suas propriedades de cura. A ágata pode parecer delicada à primeira vista, mas é muito resistente e costumava ser utilizada como instrumento cortante. Carregar uma ágata inspira autoconfiança e segurança, além de promover fidelidade nas relações.

FEITIÇO DA ÁGATA PARA COMPLETUDE E EQUILÍBRIO

Por ter uma frequência energética lenta em comparação a outros cristais, a ágata é a pedra ideal para se usar durante a meditação. Feche os olhos e segure o cristal com as mãos em concha. Respire profundamente e deixe que o calor da ágata acalme seus pensamentos. Repita o seguinte mantra:

"Eu estou equilibrada, eu sou um todo, eu sou uma."

CARTA DE TARÔ DO MÊS

O CARRO

Quando o Carro aparece em uma leitura de tarô, é importante tomar uma atitude. Simbolizando um receptáculo de movimento, essa carta é sobre encontrar um destino. Assim como a figura do cavaleiro precisa continuar focada na rota diante de si, quem tira essa carta também precisa se manter resoluto. Ela representa determinação e força e é um sinal de que o sucesso pode ser alcançado se você estiver preparada para trabalhar nele. Também é associada a viagens, climas estrangeiros e aventuras exóticas. Ou seja, não importa o que aconteça, você está se movendo na direção certa. Continue!

FLORES E ERVAS

Flores e ervas têm sido utilizadas como ingredientes para feitiços e rituais há centenas de anos. Acredita-se que tenham propriedades mágicas e atributos curativos, por isso podem ser usadas para cozinhar, fazer infusões, tinturas ou poções. Também são acrescentadas a talismãs e amuletos e podem ser utilizadas em banhos terapêuticos. Bruxas de cozinha costumam cultivar as próprias ervas, mas comprar ingredientes desidratados também é uma medida eficaz.

As flores também foram usadas na era vitoriana de outra forma: através de uma linguagem floral específica desenvolvida para enviar mensagens secretas de amor.*

* Na floriografia vitoriana, cada flor representava um sentimento específico. Por exemplo: o hibisco representava beleza; o cravo, recusa; o crisântemo vermelho, amor; a valeriana, rompimento etc.

O CARRO

JULHO

"O verão olha para fora de sua torre de bronze
Através das grades iluminadas de julho."

Francis Thompson
"A Corymbus for Autumn"

DENOMINAÇÃO DESTA LUA CHEIA

LUA DOS CERVOS

Quando o sol atinge seu ápice, o mesmo acontece com os jovens cervos. Suas galhadas, símbolo potente de força, emergem para cumprimentar a luz do dia. É daí que vem o nome dessa lua. Também conhecida como Lua do Trovão, porque as tempestades estão em alta neste mês, a Lua dos Cervos é uma grande geradora de forças mágicas e indica que chegou a hora de se reconectar com a natureza. Seja como o jovem cervo, uno com a terra e com as estações do ano. Passe tempo ao ar livre e redescubra as maravilhas ao seu redor.

FEITIÇO DA LUA DOS CERVOS PARA SE RECONECTAR COM A NATUREZA

No dia da Lua dos Cervos, saia para dar uma volta. Pode ser no campo, em uma praça perto de onde você mora, nas ruas da cidade. Conforme caminha, preste atenção em todos os seus sentidos. Se algo chamar sua atenção, como uma bela flor ou um pássaro canoro, pare e aprecie o momento. Não tenha pressa. Aproveite cada segundo e se reconecte com o poder da natureza.

DEIDADE DO MÊS

SUNNA

Essa deusa nórdica do sol, às vezes também chamada pelo seu homônimo, era conhecida por seus gloriosos cabelos dourados, que emolduravam seu rosto como os raios do astro. Segundo o mito, de mente e coração valorosos, Sunna cavalgava pelo céu montada em sua carruagem, puxada pelos cavalos Allsvinn e Arvak. Skoll, um lobo feroz, a perseguia perigosamente, e Sunna voava na velocidade da luz. Mesmo assim, às vezes, o lobo quase a alcançava. É dito que, nas horas finais do Ragnarok, quando o mundo terminará, Skoll finalmente vai conseguir engolir o sol. Enquanto isso, Sunna prosseguirá sua jornada através dos céus. Conhecida também por suas habilidades de cura, essa vibrante divindade é celebrada nos meses de verão.

FEITIÇO DE SUNNA PARA POTENCIALIZAR SEU EMPODERAMENTO

Saudar o sol matutino é a melhor forma de abrir caminho para o poder de Sunna adentrar você.

- Vá até a janela, afaste as cortinas e abra os braços como se estivesse tentando abraçar o sol.
- Levante o queixo, alongue a coluna e respire bem fundo.
- Mesmo que não seja um dia ensolarado, imagine-se sendo banhada por luz solar dos pés à cabeça. Diga: "Sunna, eu recebo seu poder e força e peço para que faça com que meu dia se ilumine".
- Repita este cântico mágico a qualquer hora, sempre que precisar de ânimo.

FLOR DO MÊS

ESPORINHA

Usada em celebrações, a esporinha, também conhecida como delfínio e abelha azul, representa o início do verão e as gloriosas flores do prado que desabrocham como resultado da calidez terrestre. Seu nome vem do formato de suas pétalas e da aparência que adquirem quando brotam do talo. É um símbolo de proteção e costuma ser guardada nos bolsos das vestimentas para afastar os maus espíritos. Os povos originários dos Estados Unidos a viam como uma flor jubilosa, pois ostentava diferentes cores, que eram usadas, inclusive, para tingir roupas e outros objetos. Também é associada ao amor e à amizade e é uma grande fornecedora de energias positivas.

FEITIÇO DA ESPORINHA PARA CURAR E AJUDAR

As flores azul-escuras da esporinha são muito potentes. Elas representam os laços de amizade e contêm muita energia de cura. Neste mês, pense em alguém que precisa de ajuda e presenteie esta pessoa com um buquê de esporinhas. Sempre que pensar nela, visualize-a coberta de luz azul-escura a fim de acelerar o processo de cura.

CRISTAL DO MÊS

CORNALINA

Conhecida como pedra do pôr-do-sol pelos antigos egípcios, a cornalina é uma pedra que transborda energias positivas. Associada à liderança e ao sucesso, era usada no pescoço por guerreiros a fim de estimular a bravura. Seu nome vem da palavra latina usada para designar carne, por isso a cornalina pode ajudar os que se sentem vulneráveis a se tornarem mais resistentes. Sua cor incandescente remete ao sol e acredita-se que esse cristal pode ajudar a estimular a criatividade, além de auxiliar a acolher os desejos mais profundos do coração. Se quiser acender o fogo da paixão, presenteie seu amado com uma cornalina!

FEITIÇO DA CORNALINA PARA AUMENTAR A AUTOCONFIANÇA

Quando precisar ter uma conversa delicada ou se expressar com clareza, mantenha um cristal de cornalina no bolso. Aperte-o na mão direita sempre que for necessário e deixe que a energia flamejante da pedra te preencha com autoconfiança.

COSTUMES E TRADIÇÕES

No antigo calendário romano, julho estava listado como o quinto mês do ano e era chamado de *Quintitius*, que significa cinco. Depois, foi renomeado para *Julius* em homenagem ao imperador Júlio César, cujo aniversário acontecia nesse mês. Os anglo-saxões o chamavam de *Heymonath* ou *Maed Monath* em referência a atividades de fenação e às belas flores do prado que floresciam no início do verão.

PÁSSARO DO MÊS

ÁGUIA

Esse pássaro majestoso é ligado ao eu superior e pode ajudar no acesso ao inconsciente. Por voar mais alto que qualquer outro pássaro, a habilidade da águia de planar é uma lição de perspectiva sobre alcançar novas alturas. A imagem da águia como totem nos ensina a alçar voo, a confiar na nossa intuição e a olhar o mundo a partir de diferentes pontos de vista. As águias são associadas ao poder e às suas habilidades de caça, que a tornam excelentes provedoras. Elas usam com sabedoria seus pontos fortes e talentos com a intenção de cuidar das pessoas mais próximas. Os povos antigos entendiam isso e tinham alto apreço por esses pássaros, colecionando e vestindo penas de águia como forma de acessar seus poderes extraordinários.

FEITIÇO DA ÁGUIA PARA REALIZAR SEUS DESEJOS

Empodere-se com esta simples visualização.

- Feche os olhos e se imagine parada na beira do topo de um penhasco. Nesse cenário, você consegue ver muito longe, e a paisagem é de tirar o fôlego.
- De repente, você percebe que um par de asas está brotando lentamente das suas espáduas. Essas asas são fortes e poderosas.
- Em poucos minutos, você se lançará no ar, alçando voo e planando sobre as nuvens como uma águia. Aproveite essa liberdade e saiba que pode conquistar qualquer coisa que desejar.

CARTA DE TARÔ DO MÊS

O SOL

Transbordando de entusiasmo e vitalidade, o sol representa o pináculo do sucesso. Essa carta traz uma abundância de felicidade e é um sinal de que você terá seu momento de glória. A alegria verdadeira vem das coisas que tocam seu coração: aqueles momentos de conexão entre você e o mundo. O Sol é um símbolo de felicidade em sua forma mais pura. É um arquétipo universal que representa energia positiva. Assim como o sol brilha todos os dias, agora é hora de se permitir ser radiante. Compartilhe o amor que você sente, seja autêntica, não apenas com aqueles que você ama e de quem se sente mais próxima, mas também com todos aqueles que encontrar na sua jornada.

DEIDADES AO REDOR DO MUNDO

Em todo o planeta, diferentes grupos de pessoas criaram mitologias próprias para ajudá-las a compreender melhor o mundo. Essas mitologias eram compostas de histórias sobre deuses e deusas que tinham o poder de criar e mudar coisas no nosso mundo. Eles eram associados a fenômenos da natureza, como a mudança das estações, as colheitas, os movimentos do sol e atos celestiais, como o raio e o trovão. Pedir às divindades por ajuda ou por benção era um ato simbólico que se acreditava ser capaz de atrair poder sobrenatural. Os deuses e as deusas eram homenageados em períodos específicos e a eles eram oferecidos festivais como forma de receber favores divinos.

O SOL

AGOSTO

"Agosto cria enquanto ela dorme,
repleto e satisfeito."

Joseph Wood Krutch
"Twelve Seasons"

DENOMINAÇÃO DESTA LUA CHEIA

LUA DO ESTURJÃO

A oitava lua cheia do ano é nomeada em homenagem ao esturjão que nada nos grandes lagos da América do Norte. Os pescadores dos povos originários sabiam que este era o momento perfeito para apanhar essa espécie de peixe, pois eram numerosos no verão. Também era conhecida como Lua de Milho Verde, Lua do Grão e Lua Vermelha devido ao brilho da névoa avermelhada nos fins de tarde de verão. Essa lua é associada com a fartura, pois os lagos e rios abarrotados mostravam que a comida estava à disposição. Além disso, o esturjão é um símbolo de longevidade, pois essa espécie existe há mais de 135 milhões de anos.

FEITIÇO DA LUA DO ESTURJÃO PARA FARTURA

Agradeça por toda a fartura que há na sua vida. Arranje um caderno e, todos os dias antes do nascer da Lua do Esturjão, escreva dez coisas pelas quais você é grata. Pode ser qualquer coisa, desde um belo nascer do sol até o seu café com leite. Na noite em que ela surgir, leia a lista. Você vai se sentir extremamente afortunada e abençoada. O ato de agradecer sempre traz muitas energias positivas que, em troca, garantem ainda mais fartura.

FESTIVAL EM DESTAQUE

LAMMAS: 1º DE AGOSTO NA RODA NORTE, OU 2 DE FEVEREIRO, SE VOCÊ SEGUE A RODA SUL

O deus do sol celta, Lugh, é frequentemente associado ao mês de agosto, por isso os povos antigos davam grandes festas em sua homenagem, que também estavam ligadas ao festival Lammas. Essa celebração marcava a primeira colheita, conhecida como colheita dos grãos, e era época de agradecer por toda a abundância de trigo. Fogueiras eram acesas e danças circulares eram realizadas a fim de marcar a passagem do sol pelo céu. Lugh, disfarçado de John Barleycorn, o espírito do grão no folclore inglês, é sacrificado quando o milho é cortado, mas renasce quando a semente é plantada no ano da próxima colheita.

FEITIÇO DE LAMMAS PARA NOVAS OPORTUNIDADES

O pão é uma figura central no festival de Lammas e uma ótima forma de se conectar com a fartura da terra e atrair novas oportunidades.

- Pegue uma fatia de pão e esmigalhe-a. Ao fazer isso, imagine que essas migalhas são ideias e oportunidades que você gostaria de semear no futuro.
- Leve as migalhas para fora e jogue-as em um padrão circular para simular o movimento anual do sol e a colheita dos grãos.
- Faça esse movimento até que as migalhas tenham acabado e diga: "Eu planto, eu colho, eu recebo recompensas".
- Repita esse mantra ao longo do mês com a intenção de auxiliar seu caminho para o sucesso.

ERVA DO MÊS

COENTRO

Associado à paz e ao amor, o coentro é uma erva energizadora com um aroma inspirador que, acredita-se, traz energias curativas para o lar em que estiver plantado no jardim. De acordo com o folclore chinês, comer sementes ou folhas de coentro durante a gravidez faz com que seu bebê se torne um gênio! Regida por Marte, essa erva traz motivação e também pode causar um despertar espiritual. Portanto, se você estiver precisando de uma mudança de vida, introduza o coentro na sua alimentação.

FEITIÇO DO COENTRO PARA RESOLVER PROBLEMAS

Você está com algum problema? Deixe o coentro te ajudar.

- Pique um amontoado de folhas frescas enquanto reflete sobre o seu dilema.
- Quando tiver terminado, deixe o problema ir embora.
- Jogue as ervas picadas sobre uma salada ou uma sopa. Enquanto come, preste atenção em cada mastigada, em como é o sabor e a textura do coentro. Esvazie a mente de outros pensamentos e deixe que a magia dessa erva te traga clareza.

CRISTAL DO MÊS

CRISÓLITA

Também conhecida como esmeralda da noite, essa vibrante pedra verde é associada à harmonia, por isso é capaz de acalmar a mente e garantir um sono tranquilo. Os antigos egípcios a chamavam de pedra do sol por causa da forma como brilhava. Para os havaianos, ela simbolizava as lágrimas vulcânicas da deusa Pele, já que essas pedras são encontradas na lava. Por seu poder edificante, usar a pedra junto ao corpo pode proteger de pesadelos e atenuar crises depressivas.

FEITIÇO DA CRISÓLITA PARA ELEVAR OS ÂNIMOS

Anime-se ao imaginar uma redoma feita de pedra verde.

- Imagine-se no centro dessa redoma, imersa sob um brilho esmeralda. Sinta essa cor adentrando sua pele a cada respiração.
- Permita que ela te cubra e te purifique, limpando seu corpo, sua mente e sua alma.

COSTUMES E TRADIÇÕES

Embora os romanos tenham batizado o mês de *Augustus* por causa de seu imperador, os anglo-saxões o chamavam de *Weod* porque notaram que, neste mês, as ervas floresciam tanto quanto as plantas cultivadas no auge do verão.

Durante a colheita de agosto, os fazendeiros deixavam a primeira fornalha de pão de milho estragar e salpicavam as migalhas nos quatro cantos dos celeiros para atrair boa sorte.

De acordo com um dito folclórico popular:

"Se a primeira semana de agosto for quente,
o inverno será longo e branco."

ANIMAL DO MÊS

CAVALO

Faceiro e ativo, o cavalo representa a liberdade. Correndo soltos por longas distâncias, eles vagam pelos campos e são livres para explorar. Para os celtas, o cavalo indicava boa sorte, e deparar-se com um era um sinal de tê-la encontrado. A deusa celta Rhiannon se metamorfoseava em um cavalo branco, e o deus romano da guerra, Marte, era diretamente associado a esse animal magnífico. Use o poder místico do cavalo quando estiver precisando de motivação e sorte.

FEITIÇO DO CAVALO PARA ACESSAR SUA ENERGIA POSITIVA

A ferradura é um símbolo tradicional de boa sorte, mas precisa ser mantida sempre com as pontas direcionadas para cima, para que a sorte nunca saia em debandada.

- Desenhe uma ferradura, virada para cima, em uma folha de papel.
- Dentro do U, faça uma lista de todas as coisas positivas que você gostaria de atrair para a sua vida. Se não conseguir pensar em nada, apenas escreva "boa sorte", "abundância" e "alegria".
- Coloque o papel debaixo do tapete da porta de entrada para convidar energias positivas a entrarem no seu lar.

CARTA DE TARÔ DO MÊS

A FORÇA

A imagem tradicional do leão presente nessa carta diz tudo. É um símbolo de força interior, de força de vontade e de um âmago inabalável. É um sinal de poder espiritual e tenacidade, de possuir a habilidade de sempre conseguir se erguer e continuar seguindo, até mesmo nas maiores adversidades. Quando essa carta surge em uma tiragem de tarô, significa que pessoa passou por múltiplas dificuldades ou ainda está atravessando desafios, mas a Força é um pressságio positivo. Ela te diz: "Você é capaz de enfrentar isso! Você tem tudo que precisa para seguir adiante! Você consegue!".

TRABALHANDO COM AS ESTAÇÕES DO ANO

Cada estação traz um tipo diferente de energia mágica. Ao caminhar sobre a terra, você consegue sentir a mudança e a forma com que as energias afetam a paisagem. A primavera anuncia novos começos conforme o solo desperta e os botões de flores desabrocham. Durante o verão, o cenário é inundado de cores, as flores estão vistosas e o sol está no auge de seu poder. No outono, as folhas começam a se transformar e a luz diminui em preparação para a dureza do inverno.

Para trabalhar com essas energias, note como você se sente durante cada estação do ano e planeje atividades que combinem com cada uma delas. Decore sua casa com flores sazonais e prepare comidas típicas da alta temporada para se conectar com a passagem do ano.

A FORÇA

OUTONO

Como uma capa espessa e escura que rodopia ao redor dos seus ombros, o outono te encobre. O fustigar do vento faz os olhos e as bochechas cintilarem, e os tons pungentes do fogo, em dourado e vermelho, colorem a cena. Folhas estaladiças, frescas, quebradiças sob os pés... Este é o período da transformação. Pegue a deixa da Mãe Natureza, avalie, acompanhe e confie na sua sabedoria interior. Este é o momento de se reinventar.

Aqui estão alguns destaques que marcam o início da estação.

SETEMBRO

LUA: Lua da Colheita

Feitiços para eliminar maus hábitos, alcançar abundância, amor, novas perspectivas e prosperidade.

FOLCLORE: Equinócio de outono, Mabon

FLOR: Áster

PÁSSARO: Falcão

CRISTAL: Citrino

CARTA DE TARÔ: A Justiça

OUTUBRO

LUA: Lua do Caçador

Feitiços para enfrentar desafios, adquirir vitalidade, reconhecimento psíquico, cura e proteção.

FOLCLORE: Samhain

CRISTAL: Quartzo-rosa

FLOR: Cravo-de-defunto

ANIMAL: Lobo

ÁRVORE: Sorveira-brava

CARTA DE TARÔ: A Imperatriz

NOVEMBRO

LUA: Lua do Castor

Feitiços para restauração, empoderamento, sabedoria interior, riqueza, aumento de energia e felicidade.

DEIDADE: Hécate

CRISTAL: Turmalina

ERVA: Manjericão

PÁSSARO: Corvo

FLOR: Crisântemo

CARTA DE TARÔ: A Morte

SETEMBRO

"Nem a beleza da primavera,
nem a do verão, têm tanta graça
Quanto a que vislumbrei em
uma face outonal."

John Donne
"Elegy IX: The Autumnal"

DENOMINAÇÃO DESTA LUA CHEIA

LUA DA COLHEITA

Também conhecida como Lua Cheia do Milho, porque costuma surgir na época em que as safras estão reunidas, essa lua aparece cedo no céu e seu brilho permite que os fazendeiros trabalhem desde manhã cedo até tarde da noite. Sua incandescência ilumina a atmosfera e, por isso, é um símbolo da colheita outonal. A Lua da Colheita fornece o melhor momento para avaliar em que ponto da vida você está, o que tem alcançado e o que pretende realizar em seguida. A energia desta lua cheia se conecta perfeitamente a novos começos e é uma ótima época para apagar o passado e recomeçar!

FEITIÇO DA LUA DA COLHEITA PARA ACABAR COM OS MAUS HÁBITOS

Esta é uma ótima época para se livrar de velhos padrões negativos de comportamento.

- Seja honesta com você mesma sobre esses velhos padrões de comportamento. Como você se sente quando age assim? Seja corajosa e faça uma lista de tudo que deseja cortar da sua vida.
- Na noite da Lua da Colheita, queime a lista na chama de uma vela.
- Enterre as cinzas no solo e diga: "Te liberto com amor".

FESTIVAL EM DESTAQUE

EQUINÓCIO DE OUTONO: DIA 22 DE SETEMBRO NA RODA NORTE, OU POR VOLTA DE 21 DE MARÇO, SE VOCÊ SEGUE A RODA SUL

O equinócio de outono geralmente acontece entre os dias 22 e 24 de setembro e também é conhecido como Mabon ou Festival da Segunda Colheita. É uma época poderosa, na qual luz e escuridão se reequilibram e os dias e as noites passam a ter a mesma duração. Como os raios solares diminuem, as noites se tornam mais longas. A terra vai lentamente se recolhendo, com a intenção de estocar e receber as recompensas de uma colheita generosa.

Mabon é o deus do sol galês. Também conhecido como filho divino, ele é dono do amor, da magia e da profecia. Sendo Mabon um ótimo caçador, venerado pelos romanos e pelos celtas, o festival foi nomeado em sua homenagem, por ser um momento perfeito para abraçar a luz prolongada do sol e caçar uma última vez em preparação para o inverno.

FEITIÇO DE MABON PARA ATRAIR A ABUNDÂNCIA

Uma caminhada revigorante na natureza oferece uma porção de itens que podem te ajudar a atrair a abundância. Colete flores e folhas secas, pinhas e frutas que você já conhece (para sua segurança), como laranja, mexerica, limão e banana. Divirta-se coletando o que chamar sua atenção, sempre agradecendo à terra por esses presentes. Ao chegar em casa, disponha os achados em uma tigela funda no centro da mesa de jantar, ou em qualquer outro lugar de destaque, como lembrança da abundância e da fartura presentes em sua vida. Faça tudo com o intuito de atrair muita energia positiva.

FLOR DO MÊS

ÁSTER

Essas flores, similares às margaridas, foram nomeadas em homenagem à palavra grega usada para denominar o termo estrela. Popular entre os povos antigos por conta de seu formato e seu doce aroma, as pétalas de áster eram queimadas na tentativa de afastar espíritos malignos e serpentes. De acordo com a lenda, o deus grego Júpiter inundou a Terra para impedir os humanos de guerrearem. A deusa Astreia, que não aguentava mais testemunhar tanta destruição, pediu para ser transformada em uma estrela. Transtornada com a perda da vida, ela derramou lágrimas que se transformaram em poeira estelar. Onde as lágrimas mágicas aterrissaram, brotos de ásteres surgiram. Para muitos, as ásteres eram símbolo de paciência, elegância e amor, e suas flores eram deixadas sobre os túmulos dos soldados mortos como sinal de respeito.

FEITIÇO DA ÁSTER PARA O AMOR

Esse encantamento pode ser aplicado a qualquer tipo de relacionamento.

- Faça uma seleção de ásteres cor-de-rosa e coloque as flores em um vaso junto de uma vela da mesma cor.
- Com um alfinete, esculpa um coração na cera da vela e acenda-a em uma noite de sexta-feira, o dia associado à deusa grega do amor, Afrodite.
- Faça um desejo de amor, podendo ser relacionado a um novo amor ou ao fortalecimento de laços já existentes.
- Deixe a vela queimar. Regue diariamente o vaso de ásteres enquanto repete o pedido.

PÁSSARO DO MÊS

FALCÃO

Os povos antigos acreditavam que o falcão era um mensageiro dos deuses, um anjo divino com habilidades psíquicas. Sobrevoando a Terra e alcançando alturas fantásticas, o falcão observa tudo antes de atacar sua presa. Seu olhar aguçado lhe permite ver as coisas de diferentes perspectivas. Essa habilidade inspira objetividade e a possibilidade de agir imediatamente quando necessário. Se você se sentir atraído pelo falcão, ou se esse *pássaro* te aparecer em sonhos, a mensagem é clara. Você precisa aprender a olhar para as coisas com outros olhos, a ser aberto a sinais do universo e a confiar na sua intuição.

FEITIÇO DO FALCÃO PARA TER NOVAS PERSPECTIVAS

Tire uma foto daquilo que você deseja e, em vez observar a imagem como um todo, tente vê-la de um ângulo diferente. Cubra metade da imagem e preste atenção apenas na outra parte. O que você percebe? Você está vendo algo que não tinha notado antes? Pratique essa nova habilidade e você será capaz de ter novas perspectivas.

CRISTAL DO MÊS

CITRINO

Também conhecido como quartzo-citrino por causa de suas propriedades revigorantes, o citrino é um grande gerador de energia positiva. Sua cor dourada e cintilante nos faz pensar no sol, e os povos antigos acreditavam que o cristal carregava o próprio poder do astro. Sendo capaz de aumentar a autoestima e a autoconfiança, essa pedra pode ajudar a conquistar abundância e prosperidade. Um aglomerado de citrinos colocados em um lugar estratégico do ambiente de trabalho pode ajudar com oportunidades de ganho financeiro. Além disso, ele é o talismã ideal para aqueles que sofrem de ansiedade. O citrino é uma pedra reconfortante e pode ajudar a banir pensamentos e comportamentos negativos.

FEITIÇO DO CITRINO PARA TER PROSPERIDADE

Tente este feitiço para atrair boa sorte financeira.

- Em um pedaço de papel, escreva algo simples como: "Eu tenho X reais na seguinte conta".
- Seja realista e escolha um valor que possa te ajudar no momento, sem ganância.
- Segure um citrino com ambas as mãos e recite: "A partir de agora, este dinheiro é meu!".
- Coloque a pedra sobre o papel e deixe-a lá por, pelo menos, dez dias.

CARTA DE TARÔ DO MÊS

A JUSTIÇA

Essa carta vem acompanhada da seguinte pergunta: Você conhece a sua verdade? Quem é você e com o que você se importa? A Justiça representa o equilíbrio, a imparcialidade e a honestidade. Seja sempre honesta consigo mesma e com os outros. Ela é um sinal de que a justiça está acontecendo, seja legalmente ou em um nível emocional, pois também é uma carta associada à compaixão. Todos cometemos erros, mas o que importa é a nossa habilidade de aprender com eles. Reflita sobre seus valores e sobre como você se comporta. Trate os outros como gostaria de ser tratada e deixe que a justiça jogue sua mágica no mundo.

A MAGIA DAS VELAS

A magia das velas existe graças ao elemento fogo, que existe para trazer mudanças positivas. No folclore e na mitologia, o fogo é associado à transformação, então trabalhar com velas é uma forma de utilizar esse elemento para atrair as coisas que você precisa e para modificar circunstâncias externas. As cores das velas a serem usadas dependem do que você almeja. Velas brancas, em geral, são usadas para purificação; as pretas para proteção; as verdes para prosperidade; as azuis para magias de cura; as amarelas/douradas para o sucesso; as vermelhas para ação e movimento; e as cor-de-rosa para o amor. As velas podem ser untadas com óleos essenciais para aumentarem seus poderes.

A JUSTIÇA

OUTUBRO

"As árvores desvelam sua beleza de outono,
Os caminhos da floresta estão secos,
Sob o crepúsculo de outubro, a água
Reflete um céu manso."

William Butler Yeats
"The Wild Swans at Coole"

DENOMINAÇÃO DESTA LUA CHEIA

LUA DO CAÇADOR

Chamada de Lua do Caçador, pois é a primeira lua cheia depois da colheita, essa lua foi assim nomeada depois de os campos terem sido limpos, a fim de auxiliar os caçadores na visualização das presas. Alguns acreditam que esse nome é um chamado, um sinal dos povos antigos de que era tempo de se preparar para os severos meses de inverno que estavam por vir. É uma lua de tamanho avantajado, em tons alaranjados, por isso também pode ser chamada de Lua de Sangue ou Lua Sanguínea.

A Lua do Caçador traz uma mudança de estações. As folhas estão secando, a terra amadurece e se retrai. O ar ecoa com o poder da transformação, fazendo com que este seja o momento perfeito para abraçar as mudanças e levar planos adiante. Assim como os povos antigos, deixe a Lua do Caçador iluminar o seu caminho!

FEITIÇO DA LUA DO CAÇADOR PARA VITALIDADE

Extraia poder da Lua do Caçador com este simples exercício.

- Com a Lua no seu campo de visão, fique em pé, com os pés afastados, os ombros relaxados e as mãos cruzadas sobre o peito.
- Respire fundo e erga as mãos para cima, com as palmas para fora.
- Ao expirar, libere-se de qualquer energia negativa. Imagine que ela está escorrendo do seu peito para o chão.
- Enquanto respira profundamente, olhe para a Lua e imagine que você está extraindo poder transformativo dela e guiando-o para dentro do seu coração.
- Junte as mãos outra vez, palma com palma, traga-as para o centro do seu peito. Relaxe.

FESTIVAL EM DESTAQUE

SAMHAIN: 31 DE OUTUBRO, OU 1º DE MAIO, SE VOCÊ SEGUE A RODA SUL

O Samhain (que significa fim do verão) é um festival pagão conhecido como o Ano-Novo das bruxas. É um evento altamente mágico, quando o véu entre este mundo e o outro se torna mais fino, de modo que os espíritos dos mortos e as fadas podem vagar sobre a Terra. É uma ocasião para homenagear os finados e rememorá-los. Almas perdidas que deixaram este mundo podem surgir durante o Samhain, por isso as habilidades psíquicas estarão no auge neste dia. Os celtas tinham esse evento como o banquete dos mortos e costumavam acender tochas a fim de iluminar o caminho deles de volta para casa. Também associado à deusa grega das bruxas, Hécate, o Samhain é o momento perfeito para entrar em comunhão com ajudantes espirituais e receber orientação psíquica.

FEITIÇO DE SAMHAIN PARA AUMENTAR A CONSCIÊNCIA PSÍQUICA

Inspire-se nos povos antigos e deixe espaço na mesa para seus entes queridos mortos.

- Na noite de 31 de outubro, arrume a mesa como se fosse oferecer um jantar para eles. Marque os lugares com etiquetas.
- Se tiver fotos deles, coloque-as em lugares de destaque na sala.
- Coloque uma vela branca (paz e energia espiritual) e um vaso de flores brancas no centro da mesa.
- Acenda a vela e coma sua refeição à mesa, mas, antes de se sentar, diga qualquer mensagem de amor que você queira transmitir aos que partiram deste mundo.

CRISTAL DO MÊS

QUARTZO-ROSA

Conhecida como a pedra do coração, o quartzo-rosa tem uma energia gentil e acolhedora. É associada à paixão e ao amor universal, sendo, inclusive, usada como símbolo de amor desde 600 a.C. Os antigos egípcios conheciam suas propriedades relaxantes e as utilizavam em máscaras faciais para suavizar as expressões, e os romanos acreditavam que ela prevenia rugas! Como pedra curativa, também é uma ótima companheira para aqueles que estão sofrendo de luto ou de coração partido. O quartzo-rosa equilibra as emoções e deixa o coração aberto para o amor.

FEITIÇO DO QUARTZO-ROSA PARA CURAR FERIDAS EMOCIONAIS

Passe dez minutos por dia meditando com o cristal.

- Encontre um lugar calmo e silencioso, deite-se e coloque a pedra sobre o chacra do coração, o centro de energia no meio do seu peito.
- Respire profundamente e se imagine banhada em luz cor-de-rosa dos pés à cabeça.
- Esse simples exercício abrirá seu coração para o amor, curará feridas emocionais e trará mais paixão à sua vida.

FLOR DO MÊS

CRAVO-DE-DEFUNTO

O cravo-de-defunto desabrocha vividamente, mesmo no outono. É associado ao calor do sol, por causa de suas cores radiantes, fornece criatividade e atrai o amor. Conhecido ao redor do mundo por suas propriedades curativas, tem folhas e pétalas comestíveis, que podem ser usadas para tratar ferimentos.

FEITIÇO DE CURA DO CRAVO-DE-DEFUNTO

Faça uma solução mágica!

- Encha uma jarra até a metade com folhas e pétalas de cravo-de-defunto (certifique-se de que é a planta correta!), acrescente vinagre de maçã até encher o resto do recipiente e feche-o com uma tampa.
- Guarde-a em um lugar fresco e seco, balançando a jarra todos os dias, durante seis semanas, para misturar bem.
- Peneire o líquido com um pano e deixe decantar em uma garrafa ou em outra jarra limpa. Guarde a solução na geladeira por até seis meses.

ANIMAL DO MÊS

LOBO

O nobre lobo é um animal muito incompreendido. Essa fera inteligente é um símbolo de lealdade, vitória e remete a habilidades comunicativas em diversos graus. Frequentemente associado ao signo de libra, um dos regentes do mês, o lobo potencializa a abertura dos cinco sentidos. O deus nórdico Odin estimava seus dois lobos, Freki e Geri, por sua sabedoria sobrenatural e sua força, e os celtas acreditavam que a figura do lobo era um símbolo da lua e de seu poder. O lobo é uma criatura que tem a capacidade de enxergar o invisível e é muito respeitado por seu intelecto.

FEITIÇO DO LOBO PARA ENFRENTAR DESAFIOS

Se estiver enfrentando um desafio, use o lobo como seu totem. Encontre uma imagem desse animal e passe alguns minutos do dia olhando para ela. Imagine-se sendo o lobo; você é dona das mesmas habilidades e pontos fortes. Pode desbravar qualquer paisagem e se comunicar efetivamente. Repita sempre este mantra:

"Eu sou o lobo, eu estou pronta."

ÁRVORE DO MÊS

SORVEIRA-BRAVA

Essa árvore impressionante representa o mês de outubro. Ela é considerada sagrada ao redor do mundo; na mitologia nórdica, por exemplo, acreditava-se que a primeira mulher tivesse nascido de seus galhos. De alta capacidade protetora, conhecida por afastar o mal, brotos dessa árvore eram carregados para prevenir encantamentos de terceiros, e a presença da sorveira-brava, próxima do gado, era tida como um presságio positivo. Para os gregos antigos, a árvore havia brotado do sangue e das penas de uma águia enviada pelos deuses para recuperar um cálice mágico roubado pelos demônios. As penas, então, teriam se transformado em folhas, e as gotas de sangue, nos frutos vermelhos vibrantes que crescem na árvore.

FEITIÇO DA SORVEIRA-BRAVA PARA A PROTEÇÃO

- Encontre uma sorveira-brava e se posicione sob seus galhos.
- Encoste sua mão dominante no tronco prateado.
- Feche os olhos e sussurre seus medos para a árvore.
- Peça pela proteção e pela força de que precisa, mas também agradeça.
- Quando estiver pronta, abra os olhos e olhe para a base da árvore à procura de gravetos ou galhos caídos. Encontre um que te agrade e leve-o junto de você como um amuleto de proteção.

CARTA DE TARÔ DO MÊS

A IMPERATRIZ

A Imperatriz é um símbolo de fartura e poder feminino. Ela representa o crescimento e a criatividade em todos os sentidos e é associada à fertilidade. Uma mulher no auge de seus poderes, ela é como a Mãe Natureza: carinhosa, acolhedora e está no centro de tudo. Quando essa carta surge em uma leitura, é um sinal de que as coisas estão fluindo como deveriam. As sementes plantadas estão dando raízes. Tudo que você precisa fazer é entrar em contato com seu poder feminino. Reconecte-se com a terra e reabasteça sua alma dando longas caminhadas na natureza. Envolva-se com seus sentidos todos os dias e observe as belezas que te rodeiam.

CORES

Uma forma fácil de trazer magia para a sua vida é através das cores. Cada uma delas ressoa em uma certa frequência, o que afeta a forma como você pensa, age e sente. É por isso que temos a tendência de nos cercar de certas cores específicas, pois elas nos trazem bem-estar. Cada cor tem suas propriedades particulares, por isso, acredita-se que, ao vestir-se com determinada cor ou ao meditar visualizando suas nuances, é possível entrar em contato com cada energia. O branco retrata paz; o azul tem propriedades curativas; o roxo se relaciona com o desenvolvimento psíquico; a cor rosa promove amor; o laranja atrai felicidade; o amarelo eleva a autoestima; o verde estimula a criatividade e as formas de autoexpressão; e o vermelho aumenta a coragem e a autoconfiança.

A IMPERATRIZ

NOVEMBRO

"As folhas caídas sobre a grama
debaixo do sol de novembro trazem
mais felicidade que os narcisos."

Cyril Connolly
"The Unquiet Grave"

DENOMINAÇÃO DESTA LUA CHEIA

LUA DO CASTOR

A Lua do Castor recebe esse nome pois, neste período, os castores estão muito ocupados construindo suas barragens antes da chegada do inverno. Esses animais laboriosos costumam ser noturnos, por isso tiram vantagem da deslumbrante luz do luar para construir suas casas aconchegantes. Também conhecida como Lua da Geada e Lua de Luto, a Lua do Castor é, muitas vezes, a última chance que algumas criaturas têm de construir uma casa para se abrigarem na próxima estação. Como os castores, devemos aproveitar a oportunidade para reabastecer a mente, o corpo e a alma, e nos prepararmos para os dias gelados que estão a caminho!

FEITIÇO DA LUA DO CASTOR PARA RESTAURAÇÃO

Alimente seu espírito com um banho restaurador.

Você precisará de uma boa quantidade de velas brancas, meio copo de mel e meio copo de leite.

- Misture o leite e o mel em uma panela, acenda as velas e comece a preparar o banho.
- Enquanto a água estiver jorrando, despeje gradualmente a mistura de leite e mel dentro da banheira (ou de uma bacia, para fazer um escalda-pés).
- Quando a banheira estiver cheia, entre nela e se imagine sendo embrulhada pelo calor da terra.
- Aproveite! A combinação do leite com o mel deixa a pele macia e hidratada.

DEIDADE DO MÊS

HÉCATE

Também conhecida como rainha das bruxas, a deusa grega Hécate é superatrevida e mágica. Deusa das encruzilhadas, comumente associada à lua e ao sobrenatural, Hécate é adepta das artes psíquicas e da feitiçaria. Deusa tríplice, ela costuma aparecer entre os mortais assumindo a forma de uma bruxa velha, mas não se engane por sua aparente fragilidade! Ela também pode escolher aparecer como uma dama acompanhada de uma matilha de cães. Se quiser um vislumbre da presença de Hécate, saia para caminhar à noite, especialmente em cemitérios, onde ela costuma fazer companhia aos fantasmas. A coruja também é símbolo dessa sábia divindade.

FEITIÇO DE HÉCATE PARA AUMENTAR O EMPODERAMENTO

Geralmente retratada segurando uma tocha enquanto adentra a noite, Hécate ilumina e protege. Invoque-a com esse feitiço de velas para se sentir mais empoderada.

Você precisará de três velas brancas para representar os aspectos tríplices desta deusa e a tocha que ela carrega.

- Posicione as velas em um padrão triangular. Acenda a primeira vela e diga: "Para o passado".
- Depois acenda a vela do meio e diga: "Para o presente".
- E, por fim, acenda a última vela e diga: "Para o futuro".
- Enquanto as velas queimam, imagine-se sentada sob uma redoma triangular de luz branca. Essa redoma te protegerá de quaisquer energias negativas e te encherá de poder.

CRISTAL DO MÊS

TURMALINA

A turmalina é uma pedra com poderes extraordinários de proteção. Tem sido usada há séculos por comunidades africanas e pelos povos originários dos Estados Unidos como talismã para manter o mal afastado. Os chineses a usavam para esculpir esculturas intrincadas. Muito valorizado ao redor do mundo, esse cristal existe em várias. Capaz de acalmar o corpo e a mente, a turmalina ajuda na meditação e é, supostamente, a melhor pedra para se presentear um xamã que trabalhe com poderes curativos. Ela também fornece visões psíquicas e sonhos proféticos.

FEITIÇO DA TURMALINA PARA ACESSAR A SABEDORIA INTERIOR

Investigue seus sonhos e pensamentos inconscientes.

- Embrulhe uma turmalina em um lenço de seda e coloque-a sob seu travesseiro.
- Antes de adormecer, peça para ter um sonho profético.
- Quando acordar, anote todas as lembranças. Mesmo que não faça sentido no momento, pode ser uma informação preciosa para o futuro.

ERVA DO MÊS

MANJERICÃO

Essa planta já foi considerada a erva de Satã, por isso aqueles que a plantavam amaldiçoavam o solo para ajudá-la a crescer mais rápido. Em tempos medievais, acreditava-se que as bruxas bebiam uma infusão de manjericão para conseguir voar. Apesar da má reputação, essa erva também foi associada ao amor. Na casa Tudor, ela era dada como presente para alguém do sexo oposto na esperança de que essa pessoa se apaixonasse por quem a presenteou. Na Itália, as moças deixavam vasos de manjericão na varanda, simbolizando a disponibilidade amorosa. Carregar essa erva causa fascinação e funciona como ímã de riquezas.

FEITIÇO DO MANJERICÃO PARA ATRAIR DINHEIRO

As bruxas usam o manjericão para atrair dinheiro.

- Coloque folhas frescas de manjericão dentro de sua carteira.
- Se precisar de dinheiro para pagar contas ou fazer reparos na casa, coloque um vaso de manjericão fresco no batente da janela a fim de atrair a quantidade desejada.
- Faça uma infusão de manjericão jogando um punhado de folhas frescas na água fervendo. Depois, coe e adicione esse líquido ao produto de limpeza de sua escolha. Ao limpar o chão, imagine que o piso está pavimentado de ouro!

PÁSSARO DO MÊS

CORVO

Desde os tempos antigos, o corvo é associado à sabedoria e é considerado um mensageiro entre mundos. Esse pássaro é um brincalhão e adora pregar peças, por isso, sempre que aparece, tanto nos sonhos quanto na realidade, ele nos lembra de que é importante esperar pelo inesperado. Os druidas estudavam sua linguagem e seu voo para captar mensagens proféticas, e os antigos gregos acreditavam que avistar um deles era sinal de bom presságio e um símbolo de boa sorte. Guardião de segredos e de memórias, o corvo é uma maravilha mágica.

FEITIÇO DO CORVO PARA AUMENTAR SUA ENERGIA

As penas dos corvos podem ser difíceis de encontrar, mas, caso você se depare com uma, use-a para limpar sua aura. Se não encontrar, tudo bem: basta visualizar que está segurando a pena.

- Segure-a com sua mão dominante e sacuda-a levemente ao redor da cabeça. Vá descendo por cada lado do corpo, como se estivesse espanando poeira.
- Faça isso pelo menos uma vez por semana com a intenção de se livrar da negatividade e aumentar seus níveis energéticos.

FLOR DO MÊS

CRISÂNTEMO

Sinônimo dos meses escuros e outonais, essa bela flor é um símbolo de felicidade, fidelidade e longevidade. Ela existe em uma grande paleta de cores e formatos. Na França e na Alemanha, um exemplar da cor branca representa a verdade; no Japão, uma flor amarela simboliza a energia dos raios solares. Diz a lenda que, caso uma única pétala amarela seja encontrada no fundo de uma taça de vinho, a pessoa que está bebendo viverá uma vida longa e saudável.

FEITIÇO DO CRISÂNTEMO PARA A FELICIDADE

O chá de crisântemo é uma mistura floral conhecida por suas propriedades calmantes. Se possível, escolha somente flores amarelas, para aumentar o poder do feitiço. Você precisará de cinco corolas de flores, água quente e mel para adoçar. Atenção: certifique-se de que é a espécie correta para o consumo.

- Lave as flores, disponha-as em uma tigela e cubra-as com água fervendo.
- Deixe a flor de molho por dez minutos. Depois, usando um coador, drene o líquido para um copo ou caneca.
- Acrescente uma colher de sopa de mel para adoçar e misture bem.
- Ao beber, imagine você e aqueles que você ama vivendo uma vida feliz e saudável.

CARTA DE TARÔ DO MÊS

A MORTE

Sempre que aparece, a carta da Morte é muito temida, embora seja um símbolo de revelação que anuncia novos começos. Quando surge em uma tiragem de tarô, é um sinal de encerramento, que também representa o começo de um novo capítulo, uma página em branco e alto potencial para novas aventuras! É hora de transformações e de oportunidades, pois mudanças estão em andamento e há um sentimento de excitação no ar. Pode ser difícil deixar o passado para trás, mas isso é necessário para seu desenvolvimento espiritual e emocional. Como um vento purificador atravessando sua vida, a carta da Morte traz energia positiva, uma sensação de liberação e a possibilidade de manifestar seus desejos mais íntimos para o futuro.

AURAS

Todo ser vivo tem um campo energético circundando seu corpo: a aura. Esse campo de força varia em cor e em luminosidade, dependendo de como a pessoa está se sentindo e de quais situações está vivenciando no momento. Alguém que esteja se sentindo nervoso ou apaixonado pode ter muitas matizes vermelhas presentes na aura, e alguém que tenha acabado de se apaixonar vai estar coberto de cor-de-rosa. Videntes habilidosos conseguem enxergar e ler auras e, podem compreender muito sobre a saúde de uma pessoa e seu estado emocional através delas. É mais provável enxergar a aura de alguém nos momentos em que você estiver se sentindo relaxado e conectado com a própria intuição.

A MORTE

INVERNO

Há uma simplicidade na rigidez do inverno, uma elegância na paisagem beijada pela neve, algo que inspira a olhar para seu interior e encontrar conforto. Tudo é silencioso enquanto a Terra se restaura, e os temas dessa estação condizem com esse humor reflexivo. Proteção, força e autocuidado são questões prioritárias, seguidas de perto por uma onda de energia criativa que ajuda na implementação de todas as ideias germinadas durante o inverno.

Aqui estão alguns destaques que marcam o início da estação.

DEZEMBRO

LUA: Lua Fria

Feitiços para bem-estar, renovação do espírito, boa sorte, proteção e vitalidade.

FOLCLORE: Solstício de inverno, Yule

CRISTAL: Turquesa

ERVA: Alecrim

PÁSSARO: Pintarroxo

CARTA DE TARÔ: A Temperança

JANEIRO

LUA: Lua do Lobo

Feitiços para autoconfiança, boa sorte, satisfação, purificação, amor, dinheiro e intensificação do sexto sentido.

DEIDADE: Janus

CRISTAL: Granada

ERVA: Sálvia

PÁSSARO: Coruja

CARTA DE TARÔ: A Estrela

FEVEREIRO

LUA: Lua de Neve

Feitiços para organização, energização, entendimento psíquico, criatividade e enfrentamento de obstáculos.

FOLCLORE: Imbolc

CRISTAL: Ametista

FLOR: Campânula-branca

ANIMAL: Lontra

CARTA DE TARÔ: A Lua

DEZEMBRO

"Ouvi um pássaro cantar
Na noite escura de dezembro.
Uma coisa mágica
E doce de se lembrar."

Oliver Herford
"I Heard a Bird Sing"

DENOMINAÇÃO DESTA LUA CHEIA

LUA FRIA

Na espessa escuridão invernal, a Lua Fria se levanta, um orbe luminoso lançando uma luz inquietante sobre a Terra. Nomeada por conta da queda de temperatura nesta época do ano, a Lua Fria também é conhecida como Lua Longa da Noite, em referência à forma como aparece no horizonte, e como Lua Antes do Yule, o festival em que é celebrado o solstício de inverno. A Lua Fria ilumina a alma e traz emoções à tona. Se você esteve evitando alguma questão ou reprimindo seus sentimentos, nesta época pode sentir que tudo parece te invadir ao mesmo tempo. Se estiver se sentindo confusa e indecisa, a Lua Fria pode clarear o caminho e te ajudar a encontrar respostas.

FEITIÇO DA LUA FRIA PARA O BEM-ESTAR

Na noite da Lua Fria, faça uma visualização.

- Queime óleo essencial de gerânio para equilibrar as emoções.
- Encontre um lugar confortável para se sentar, feche os olhos e recrie o formato da lua na sua mente. Imagine que está olhando para ela. Deixe que seus pensamentos fiquem indo e vindo, sem se concentrar em nenhum deles. Apenas respire e deixe que a energia lunar flua através de você.
- Se quaisquer problemas surgirem na sua mente, apenas relaxe e volte a prestar atenção no círculo brilhante da lua.
- Repita este encantamento todas as noites, por pelo menos cinco minutos, para alcançar saúde, bem-estar e paz interior.

FESTIVAL EM DESTAQUE

SOLSTÍCIO DE INVERNO: POR VOLTA DE 21 DE DEZEMBRO, OU POR VOLTA DE 21 DE JUNHO, SE VOCÊ SEGUE A RODA SUL

Também conhecido como o festival pagão Yule, o solstício de inverno tem sido celebrado no mundo todo desde os tempos antigos. Ele marca a noite mais longa e o dia mais curto do ano, e o retorno do sol, quando a deusa mãe, mais uma vez, dá à luz o Rei-Sol. Festival do fogo, o Yule é ligado à fertilidade e aos ciclos da vida. Os romanos celebravam a Saturnália nesta época, decorando suas casas com árvores resistentes ao inverno.

A volta do sol é marcada pela queima do tronco de Yule, reacendido com um pedaço de carvalho do ano anterior. Deixado para queimar, às vezes por vários dias, o tronco de Yule nunca chega a se desfazer por inteiro, mas seu fogo é extinguido para que possa ser reaceso no ano vindouro.

FEITIÇO DE YULE PARA ATRAIR BOA SORTE

Faça seu minitronco de Yule, um símbolo de fartura.

Você vai precisar de um pequeno tronco de árvore, cola resistente, ramos de visco, azevinho e hera, uma seleção de pinhas e canela em pau para decorar.

- Garanta que um lado do tronco seja achatado o suficiente para que você possa colocá-lo sobre uma mesa.
- Pingue cola do começo ao fim do tronco e cole o visco e o azevinho.
- Depois que a cola estiver seca, cole as pinhas e as canelas em pau. Distribua os itens de maneira uniforme ao longo do tronco.
- Deixe secar, depois posicione-o em um lugar onde todos possam vê-lo e se lembrar das bênçãos do solstício.

CRISTAL DO MÊS

TURQUESA

Pedra dos guerreiros, dos xamãs e dos místicos, a turquesa é mágica e poderosa, conhecida por ajudar a firmar uma conexão com o poder do universo. Devido à sua energia protetora, era usada como amuleto e talismã em muitas culturas diferentes. Os povos originários dos Estados Unidos decoravam suas sepulturas com essa pedra, e os antigos egípcios a veneravam como símbolo de sabedoria e imortalidade. Conectada ao chacra da garganta, o centro energético que concentra o poder da comunicação e da autoexpressão, a turquesa também aumenta a criatividade e ajuda àqueles que a utilizam a influenciar pessoas.

FEITIÇO DA TURQUESA PARA PROTEÇÃO

A turquesa pode ser usada para sua proteção e criatividade.

- Coloque uma turquesa no batente de uma janela, sob a luz da lua, e deixe-a passar a noite ali, para que a pedra possa receber toda a energia mágica do astro.
- Pela manhã, recolha a pedra e a coloque em um saco de veludo preto, junto de uma pitada de pimenta.
- Mantenha o saquinho dentro da mochila, carteira ou bolso, como um amuleto de proteção.

ERVA DO MÊS

ALECRIM

Sagrado para a deusa grega do amor, Afrodite, o alecrim é associado ao romance e era trançado em véus de casamento e oferecido como presente para a noiva como símbolo de amor. Diz-se que as fadas adoram essa erva aromática, e onde quer que ela cresça, você encontrará o encantamento delas. Um ingrediente de magia intensa, o alecrim é usado para obter proteção, força e clareza. Acredita-se que ele floresce apenas nos jardins de mulheres poderosas, o que pode explicar a conexão entre o alecrim e as bruxas! Carregue um galhinho para protegê-la de más influências.

FEITIÇO DO ALECRIM PARA VITALIDADE

Aumente seu poder com este tônico revigorante para cabelos que, além de limpar, também ajuda a intensificar a concentração.

Você vai precisar de oito ramos grandes de alecrim e de uma panela.

- Coloque o alecrim na panela, cubra com água fervente e deixe de molho pelo resto da noite.
- Pela manhã, remova os galhos e fique apenas com o líquido. Derrame-o em uma xícara e adicione uma gota de vinagre de maçã (1/10 da solução de alecrim).
- Misture bem e, após lavar os cabelos, para finalizar, despeje a mistura sobre sua cabeça.
- Massageie o couro cabeludo por alguns minutos até senti-lo formigar. Você vai se sentir limpa e revitalizada. Penteie-se como de costume.

PÁSSARO DO MÊS

PINTARROXO

Com uma canção no coração e passos saltitantes, esse pássaro (também chamado de tordo) é muito popular e uma visão bem-vinda durante os meses invernais. Seu peito rosa-avermelhado traz cor e alegria aos campos, e sua tenacidade e espírito nos lembram como é importante seguir nossas paixões e pensar no futuro. Pode estar frio, mas isso não impede o enérgico pintarroxo de se divertir. Rir não custa nada e pode ser o melhor remédio, e essa é parte da mensagem desse pássaro para o mundo. Símbolo de esperança e renovação, o pintarroxo nos recorda sempre de sorrir. Não permita que coisas pequenas te afetem! Em vez disso, concentre-se naquilo que te faz feliz.

FEITIÇO DO PINTARROXO PARA REVITALIZAR O ESPÍRITO

Agasalhe-se e saia para avistar pintarroxos neste mês. Caso não veja nenhum, conecte-se com outros pássaros que surgirão no seu caminho.

- Em vez de hibernar perto do aquecedor, saia e enfrente o frio. Sinta o vento cortante e note como ele deixa suas bochechas vermelhas.
- Respire o ar gelado e deixe que ele revitalize seu espírito.
- Cumprimente os pintarroxos que encontrar e reacenda seu senso de humor.

CARTA DE TARÔ DO MÊS

A TEMPERANÇA

Essa carta serve para te lembrar de ver todos os lados de uma determinada situação. A Temperança promove equilíbrio e harmonia. É um alívio bem-vindo caso a vida esteja caótica, pois essa carta sugere que, em breve, tudo voltará ao normal. Acredite que as coisas possam melhorar! O autocuidado é muito importante, então dedique um tempo para você mesma. Segure a carta da Temperança, aquiete a mente e medite. Você se sentirá mais leve.

TARÔ

Um baralho de tarô costuma ter 78 cartas ilustradas, divididas entre duas categorias: Arcanos Maiores e Arcanos Menores. Como no baralho tradicional, os Arcanos Menores têm quatro naipes — ouros, copas, espadas e paus — com dez cartas numeradas e quatro figuras da corte (valete, cavaleiro, rainha e rei). Cada naipe governa uma área diferente. Os ouros estão associados às riquezas materiais e à abundância; as copas governam as emoções; as espadas são sobre ações; e as de paus são associadas às ideias e aos projetos.

Os Arcanos Maiores são compostos de 22 cartas que falam do destino e seguem a jornada do Louco, a primeira carta da seção, à medida que ele enfrenta lições importantes de vida. O tarô surgiu como uma alternativa de entretenimento, mas depois passou a ser utilizado como ferramenta de adivinhação.

Embora as imagens tradicionais sejam as mais populares, há baralhos de tarô de todos os estilos possíveis.

A TEMPERANÇA

GLOSSÁRIO

ADIVINHAÇÃO

Forma de enxergar o futuro através de uma prática específica, como a leitura de mãos, ou usando uma ferramenta, como as cartas do tarô ou uma bola de cristal.

AFIRMAÇÃO

Declaração positiva usada para afirmar um pensamento ou crença.

AMULETO

Objeto utilizado para proteção contra perigos ou energias negativas, geralmente revestido de energia mágica, como uma moeda de sorte, uma pedra ou um cristal.

AURA

Campo energético que circunda o corpo de todos os seres do planeta.

BRUXA DE COZINHA

Uma bruxa de cozinha pratica magia centrada em questões do lar e culinária.

CHACRA

Um dos pontos focais de energia do corpo, geralmente descrito como uma bola giratória de luz colorida.

DEFUMAÇÃO

Queima de ervas sagradas e resinas com a intenção de purificar um lugar ou o corpo físico.

DEIDADE

Ser sobrenatural, também conhecido como deus ou deusa, que é considerado divino ou sagrado.

EQUINÓCIO
Evento celestial que acontece duas vezes por ano, quando o sol cruza a linha do equador, e o dia e a noite passam a ter a mesma duração.

FASE DA LUA
Termo usado para descrever as mudanças no formato da lua.

FEITIÇO
Desejo de mudança que combina intenção e energia, por vezes usando ingredientes externos e palavras.

FOLCLORE
Histórias, crenças e costumes que são adotados por uma cultura e passados adiante através das gerações.

INFUSÃO
Chá feito de ervas maceradas e outros ingredientes junto de água quente a fim de extrair óleo e sabores.

LUA MINGUANTE GIBOSA
Termo usado para descrever a fase exata da lua minguante em que ela começa a diminuir.

LUA CRESCENTE GIBOSA
Termo usado para descrever a fase exata da lua crescente em que ela começa a crescer.

MAGIA DAS VELAS
Feitiço que utiliza uma ou várias velas para manifestar um resultado.

MANTRA
Afirmação inspiradora e animadora que é repetida constantemente.

MEDICINAL
Poder de cura ligado a algum animal, pássaro, erva ou flor.

MEDITAÇÃO
Exercício mental usado para manter a concentração e a consciência, junto do relaxamento corporal, a fim de clarear a mente.

POVOS ANTIGOS
Pessoas que viveram há milhares de anos e praticavam costumes e tradições relacionados às próprias crenças.

PRESSÁGIO
Sinal, tanto bom quanto ruim, que prediz o futuro.

PURIFICAÇÃO
Prática espiritual que tem como objetivo purificar a energia negativa de um espaço, lugar específico, ou da aura de alguém.

RITO
Cerimônia sagrada ou religiosa usada para marcar um evento específico.

RITUAL
Ações mágicas realizadas em sequência, podendo incluir gestos, palavras, ações e o uso de ingredientes específicos.

SEXTO SENTIDO
Sentido psíquico, também conhecido como intuição, que se baseia em sentimentos e instintos.

SÍMBOLO
Sinal, marca ou forma que tem um significado específico ou é associado a uma ideia ou crença.

SOBRENATURAL
Reino espiritual que existe junto do nosso. Termo muito usado para descrever o mundo das fadas.

SOLSTÍCIO
Momento do ano em que o sol alcança o ponto mais alto, ou o mais baixo, do céu, marcando o início do verão e do inverno.

SUPERSTIÇÃO
Crença ou prática baseada em forças sobrenaturais.

TALISMÃ
Objeto que possui propriedades mágicas e pode afastar o mal e trazer boa sorte.

TERCEIRO OLHO
Centro de energia psíquica, ou chacra, situado no meio da testa, acima dos olhos.

TOTEM
Animal ou objeto da natureza que tem significância espiritual e se torna emblemático para uma pessoa ou um grupo de pessoas.

VISUALIZAÇÃO
Habilidade de ver na sua mente o que você gostaria que acontecesse.

XAMÃ
Pessoa que funciona como intermediária entre nosso mundo e o mundo espiritual, oferecendo liderança e mecanismos de cura.

AGRADECIMENTOS

Gostaria de agradecer a Stacey Cleworth por me ajudar a dar forma ao conteúdo deste livro e torná-lo tão especial. Também sou grata a Emily Lapworth e ao time da Quadrille, por terem feito um trabalho excelente ao colocar tudo em seu devido lugar. Além disso, *Ano Mágico* não seria nada sem as cativantes ilustrações de Anastasia Stefurak. Por fim, ofereço meus mais sinceros agradecimentos aos contadores de histórias, aos místicos e aos antigos povos, que acolheram a magia do mundo natural e que me inspiram constantemente a escrever. Seus contos miraculosos são o coração deste livro.

Alison Davies é autora de mais de trinta livros publicados, ministra oficinas de escrita em universidades do Reino Unido e escreve para diversas revistas esotéricas, como *Chat It's Fate*, *Fate and Fortune*, *Spirit and Destiny* e *Kindred Spirit*.

MAGICAE é uma coleção inteiramente dedicada aos mistérios das bruxas. Livros que conectam todos os selos da **DarkSide® Books** e honram a magia e suas manifestações naturais. É hora de celebrar a bruxa que existe em nossa essência.